성령이 이끄는 대로 성경 쓰기

<u>개역개정</u>

민수기
필사
/
노트

큰글자

Name.

_____

Date.

_____

NUMBERS

민수기는 출애굽한 이스라엘 백성이 40년 동안 광야에서 방랑하다 요단 동편 모압 평지에 도달하기까지의 과정을 그린 책입니다. 저자는 모세로서, 민수기에는 모세가 기록했다는 말이 80여 회나 언급됩니다. 민수기는 '백성의 수를 센다'는 뜻입니다. 민수기 1장과 26장에서 인구조사를 했기 때문에 붙은 이름이지요. 모세는 이스라엘 백성을 이끌고 가나안 땅으로 행군합니다. 민수기 1-10장은 시내산에서 광야를 지나기 위한 준비 과정, 10-20장은 광야 생활, 21-36장은 가나안을 향해 나아가는 모습을 그리고 있습니다.

시내산에서 하나님과 언약을 맺고 율법을 받은 이스라엘은 성막을 중심으로 이동합니다. 이스라엘 백성은 출애굽 과정에서 하나님의 능력을 경험했지만, 광야에서 어려움을 만날 때마다 하나님과 모세를 원망하며 불신했습니다. 민수기에는 이스라엘이 불신하여 원망하면 징계를 받고, 회개하면 하나님이 용서를 하는 과정이 반복되어 나타나고 있습니다. 하나님은 이들을 가나안 땅에 바로 들여보낼 수 없으셔서 광야 생활을 통해 하나님의 백성으로 다듬으셨습니다. 40년간 광야를 떠도는 동안 한 세대가 가고, 다음세대가 일어났습니다. 처음 인구 조사를 하던 때나(민 1장) 40년이 지난 후나(민 26장) 이스라엘은 변함없이 건재했습니다.

우리는 예수님을 구주로 믿음으로 하나님의 백성이 되었습니다. 하나님의 백성은 저절로 만들어지지 않습니다. 세상 가치관을 벗겨내고 하나님의 법대로 살아야 합니다. 그 과정에서 광야 같은 고난은 필연적입니다. 몹시 고달프고 힘들고 두렵지만 그 과정을 하나님과 함께 지나고 나면 아름다운 하나님의 사람이 되어 있을 것입니다. 하나님을 신뢰하고 사랑하는 법을 배우게 될 것입니다. 민수기를 필사하며 진정한 하나님의 백성으로 사는 법을 배우기 바랍니다.

1장

싸움에 나갈 만한 자를 계수하다

1 이스라엘 자손이 애굽 땅에서 나온 후 둘째 해 둘째 달 첫째 날에 여호
와께서 시내 광야 회막에서 모세에게 말씀하여 이르시되

2 너희는 이스라엘 자손의 모든 회중 각 남자의 수를 그들의 종족과 조상
의 가문에 따라 그 명수대로 계수할지니   5

3 이스라엘 중 이십 세 이상으로 싸움에 나갈 만한 모든 자를 너와 아론
은 그 진영별로 계수하되

4 각 지파의 각 조상의 가문의 우두머리 한 사람씩을 너희와 함께 하게
하라

5 너희와 함께 설 사람들의 이름은 이러하니 르우벤 지파에서는 스데울의   10
아들 엘리술이요

6 시므온 지파에서는 수리삿대의 아들 슬루미엘이요

7 유다 지파에서는 암미나답의 아들 나손이요

8 잇사갈 지파에서는 수알의 아들 느다넬이요

9 스불론 지파에서는 헬론의 아들 엘리압이요   15

10 요셉의 자손들 중 에브라임 지파에서는 암미훗의 아들 엘리사마요 므낫
세 지파에서는 브다술의 아들 가말리엘이요

11 베냐민 지파에서는 기드오니의 아들 아비단이요

12 단 지파에서는 암미삿대의 아들 아히에셀이요

13 아셀 지파에서는 오그란의 아들 바기엘이요   20

14 갓 지파에서는 드우엘의 아들 엘리아삽이요

15 납달리 지파에서는 에난의 아들 아히라이니라 하시니

16 그들은 회중에서 부름을 받은 자요 그 조상 지파의 지휘관으로서 이스
라엘 종족들의 우두머리라

17 모세와 아론이 지명된 이 사람들을 데리고   25

18 둘째 달 첫째 날에 온 회중을 모으니 그들이 각 종족과 조상의 가문에
따라 이십 세 이상인 남자의 이름을 자기 계통별로 신고하매

4

19 여호와께서 모세에게 명령하신 대로 그가 시내 광야에서 그들을 계수
하였더라

20 이스라엘의 장자 르우벤의 아들들에게서 난 자를 그들의 종족과 조상
의 가문에 따라 이십 세 이상으로 싸움에 나갈 만한 각 남자를 그 명수
대로 다 계수하니

21 르우벤 지파에서 계수된 자는 사만 육천오백 명이었더라

22 시므온의 아들들에게서 난 자를 그들의 종족과 조상의 가문에 따라 이
십 세 이상으로 싸움에 나갈 만한 각 남자를 그 명수대로 다 계수하니

23 시므온 지파에서 계수된 자는 오만 구천삼백 명이었더라

24 갓의 아들들에게서 난 자를 그들의 종족과 조상의 가문에 따라 이십
세 이상으로 싸움에 나갈 만한 자를 그 명수대로 다 계수하니

25 갓 지파에서 계수된 자는 사만 오천육백오십 명이었더라

26 유다의 아들들에게서 난 자를 그들의 종족과 조상의 가문에 따라 이십
세 이상으로 싸움에 나갈 만한 자를 그 명수대로 다 계수하니

27 유다 지파에서 계수된 자는 칠만 사천육백 명이었더라

28 잇사갈의 아들들에게서 난 자를 그들의 종족과 조상의 가문에 따라 이
십 세 이상으로 싸움에 나갈 만한 자를 그 명수대로 다 계수하니

29 잇사갈 지파에서 계수된 자는 오만 사천사백 명이었더라

30 스불론의 아들들에게서 난 자를 그들의 종족과 조상의 가문에 따라 이
십 세 이상으로 싸움에 나갈 만한 자를 그 명수대로 다 계수하니

31 스불론 지파에서 계수된 자는 오만 칠천사백 명이었더라

32 요셉의 아들 에브라임의 아들들에게서 난 자를 그들의 종족과 조상의
가문에 따라 이십 세 이상으로 싸움에 나갈 만한 자를 그 명수대로 다
계수하니

33 에브라임 지파에서 계수된 자는 사만 오백 명이었더라

34 므낫세의 아들들에게서 난 자를 그들의 종족과 조상의 가문에 따라 이
십 세 이상으로 싸움에 나갈 만한 자를 그 명수대로 다 계수하니

35 므낫세 지파에서 계수된 자는 삼만 이천이백 명이었더라

36 베냐민의 아들들에게서 난 자를 그들의 종족과 조상의 가문에 따라 이
   십 세 이상으로 싸움에 나갈 만한 자를 그 명수대로 다 계수하니

37 베냐민 지파에서 계수된 자는 삼만 오천사백 명이었더라

38 단의 아들들에게서 난 자를 그들의 종족과 조상의 가문에 따라 이십
   세 이상으로 싸움에 나갈 만한 자를 그 명수대로 다 계수하니

39 단 지파에서 계수된 자는 육만 이천칠백 명이었더라

40 아셀의 아들들에게서 난 자를 그들의 종족과 조상의 가문에 따라 이십
   세 이상으로 싸움에 나갈 만한 자를 그 명수대로 다 계수하니

41 아셀 지파에서 계수된 자는 사만 천오백 명이었더라

42 납달리의 아들들에게서 난 자를 그들의 종족과 조상의 가문에 따라 이
   십 세 이상으로 싸움에 나갈 만한 자를 그 명수대로 다 계수하니

43 납달리 지파에서 계수된 자는 오만 삼천사백 명이었더라

44 이 계수함을 받은 자는 모세와 아론과 각기 이스라엘 조상의 가문을
   대표한 열두 지휘관이 계수하였더라

45 이같이 이스라엘 자손이 그 조상의 가문을 따라 이십 세 이상으로 싸
   움에 나갈 만한 이스라엘 자손이 다 계수되었으니

46 계수된 자의 총계는 육십만 삼천오백오십 명이었더라

레위 지파는 계수하지 말라

47 그러나 레위인은 그들의 조상의 지파대로 그 계수에 들지 아니하였으니

48 이는 여호와께서 모세에게 말씀하여 이르시되

49 너는 레위 지파만은 계수하지 말며 그들을 이스라엘 자손 계수 중에 넣
   지 말고

50 그들에게 증거의 성막과 그 모든 기구와 그 모든 부속품을 관리하게 하
   라 그들은 그 성막과 그 모든 기구를 운반하며 거기서 봉사하며 성막
   주위에 진을 칠지며

51 성막을 운반할 때에는 레위인이 그것을 걷고 성막을 세울 때에는 레위
   인이 그것을 세울 것이요 외인이 가까이 오면 죽일지며

52 이스라엘 자손은 막사를 치되 그 진영별로 각각 그 진영과 군기 곁에 칠 것이나

53 레위인은 증거의 성막 사방에 진을 쳐서 이스라엘 자손의 회중에게 진노가 임하지 않게 할 것이라 레위인은 증거의 성막에 대한 책임을 지킬 지니라 하셨음이라

54 이스라엘 자손이 그대로 행하되 여호와께서 모세에게 명령하신 대로 행하였더라

2장 진 편성 및 행군 순서

1 여호와께서 모세와 아론에게 말씀하여 이르시되

2 이스라엘 자손은 각각 자기의 진영의 군기와 자기의 조상의 가문의 기호 곁에 진을 치되 회막을 향하여 사방으로 치라

3 동방 해 돋는 쪽에 진 칠 자는 그 진영별로 유다의 진영의 군기에 속한 자라 유다 자손의 지휘관은 암미나답의 아들 나손이요

4 그의 군대로 계수된 자가 칠만 사천육백 명이며

5 그 곁에 진 칠 자는 잇사갈 지파라 잇사갈 자손의 지휘관은 수알의 아들 느다넬이요

6 그의 군대로 계수된 자가 오만 사천사백 명이라

7 그리고 스불론 지파라 스불론 자손의 지휘관은 헬론의 아들 엘리압이요

8 그의 군대로 계수된 자가 오만 칠천사백 명이니

9 유다 진영에 속한 군대로 계수된 군인의 총계는 십팔만 육천사백 명이라 그들은 제일대로 행진할지니라

10 남쪽에는 르우벤 군대 진영의 군기가 있을 것이라 르우벤 자손의 지휘관은 스데울의 아들 엘리술이요

11 그의 군대로 계수된 자가 사만 육천오백 명이며

12 그 곁에 진 칠 자는 시므온 지파라 시므온 자손의 지휘관은 수리삿대의 아들 슬루미엘이요

13 그의 군대로 계수된 자가 오만 구천삼백 명이며

14 또 갓 지파라 갓 자손의 지휘관은 르우엘의 아들 엘리아삽이요

15 그의 군대로 계수된 자가 사만 오천육백오십 명이니

16 르우벤 진영에 속하여 계수된 군인의 총계는 십오만 천사백오십 명이라 그들은 제이대로 행진할지니라

17 그 다음에 회막이 레위인의 진영과 함께 모든 진영의 중앙에 있어 행진 하되 그들의 진 친 순서대로 각 사람은 자기의 위치에서 자기들의 기를 따라 앞으로 행진할지니라

5

18 서쪽에는 에브라임의 군대의 진영의 군기가 있을 것이라 에브라임 자손 의 지휘관은 암미훗의 아들 엘리사마요

19 그의 군대로 계수된 자가 사만 오백 명이며

10

20 그 곁에는 므낫세 지파가 있을 것이라 므낫세 자손의 지휘관은 브다술 의 아들 가말리엘이요

21 그의 군대로 계수된 자가 삼만 이천이백 명이며

22 또 베냐민 지파라 베냐민 자손의 지휘관은 기드오니의 아들 아비단이요

23 그의 군대로 계수된 자가 삼만 오천사백 명이니

15

24 에브라임 진영에 속하여 계수된 군인의 총계는 십만 팔천백 명이라 그 들은 제삼대로 행진할지니라

25 북쪽에는 단 군대 진영의 군기가 있을 것이라 단 자손의 지휘관은 암미 삿대의 아들 아히에셀이요

26 그의 군대로 계수된 자가 육만 이천칠백 명이며

20

27 그 곁에 진 칠 자는 아셀 지파라 아셀 자손의 지휘관은 오그란의 아들 바기엘이요

28 그의 군대로 계수된 자가 사만 천오백 명이며

29 또 납달리 지파라 납달리 자손의 지휘관은 에난의 아들 아히라요

30 그의 군대로 계수된 자가 오만 삼천사백 명이니

25

31 단의 진영에 속하여 계수함을 받은 군인의 총계는 십오만 칠천육백 명 이라 그들은 기를 따라 후대로 행진할지니라 하시니라

32 이상은 이스라엘 자손이 그들의 조상의 가문을 따라 계수된 자니 모든 진영의 군인 곧 계수된 자의 총계는 육십만 삼천오백오십 명이며

33 레위인은 이스라엘 자손과 함께 계수되지 아니하였으니 여호와께서 모세에게 명령하심과 같았느니라

34 이스라엘 자손이 여호와께서 모세에게 명령하신 대로 다 준행하여 각기 종족과 조상의 가문에 따르며 자기들의 기를 따라 진 치기도 하며 행진하기도 하였더라 <u>5</u>

3장 아론의 아들들

1 여호와께서 시내 산에서 모세와 말씀하실 때에 아론과 모세가 낳은 자는 이러하니라 <u>10</u>

2 아론의 아들들의 이름은 이러하니 장자는 나답이요 다음은 아비후와 엘르아살과 이다말이니

3 이는 아론의 아들들의 이름이며 그들은 기름 부음을 받고 거룩하게 구별되어 제사장 직분을 위임 받은 제사장들이라 <u>15</u>

4 나답과 아비후는 시내 광야에서 여호와 앞에 다른 불을 드리다가 여호와 앞에서 죽어 자식이 없었으며 엘르아살과 이다말이 그의 아버지 아론 앞에서 제사장의 직분을 행하였더라

제사장을 돕는 레위 사람

5 여호와께서 또 모세에게 말씀하여 이르시되 <u>20</u>

6 레위 지파는 나아가 제사장 아론 앞에 서서 그에게 시종하게 하라

7 그들이 회막 앞에서 아론의 직무와 온 회중의 직무를 위하여 회막에서 시무하되

8 곧 회막의 모든 기구를 맡아 지키며 이스라엘 자손의 직무를 위하여 성막에서 시무할지니 <u>25</u>

9 너는 레위인을 아론과 그의 아들들에게 맡기라 그들은 이스라엘 자손 중에서 아론에게 온전히 맡겨진 자들이니라

10 너는 아론과 그의 아들들을 세워 제사장 직무를 행하게 하라 외인이 가까이 하면 죽임을 당할 것이니라

11 여호와께서 모세에게 말씀하여 이르시되

12 보라 내가 이스라엘 자손 중에서 레위인을 택하여 이스라엘 자손 중에 태를 열어 태어난 모든 맏이를 대신하게 하였은즉 레위인은 내 것이라

13 처음 태어난 자는 다 내 것임은 내가 애굽 땅에서 그 처음 태어난 자를 다 죽이던 날에 이스라엘의 처음 태어난 자는 사람이나 짐승을 다 거룩하게 구별하였음이니 그들은 내 것이 될 것임이니라 나는 여호와이니라

레위 자손 인구 조사

14 여호와께서 시내 광야에서 모세에게 말씀하여 이르시되

15 레위 자손을 그들의 조상의 가문과 종족을 따라 계수하되 일 개월 이상 된 남자를 다 계수하라

16 모세가 여호와의 말씀을 따라 그 명령하신 대로 계수하니라

17 레위의 아들들의 이름은 이러하니 게르손과 고핫과 므라리요

18 게르손의 아들들의 이름은 그들의 종족대로 이러하니 립니와 시므이요

19 고핫의 아들들은 그들의 종족대로 이러하니 아므람과 이스할과 헤브론과 웃시엘이요

20 므라리의 아들들은 그들의 종족대로 말리와 무시이니 이는 그의 종족대로 된 레위인의 조상의 가문들이니라

21 게르손에게서는 립니 종족과 시므이 종족이 났으니 이들이 곧 게르손의 조상의 가문들이라

22 계수된 자 곧 일 개월 이상 된 남자의 수효 합계는 칠천오백 명이며

23 게르손 종족들은 성막 뒤 곧 서쪽에 진을 칠 것이요

24 라엘의 아들 엘리아삽은 게르손 사람의 조상의 가문의 지휘관이 될 것이며

25 게르손 자손이 회막에서 맡을 일은 성막과 장막과 그 덮개와 회막 휘장 문과

26 뜰의 휘장과 및 성막과 제단 사방에 있는 뜰의 휘장 문과 그 모든 것에 쓰는 줄들이니라

27 고핫에게서는 아므람 종족과 이스할 종족과 헤브론 종족과 웃시엘 종족이 났으니 이들은 곧 고핫 종족들이라

28 계수된 자로서 출생 후 일 개월 이상 된 남자는 모두 팔천육백 명인데 성소를 맡을 것이며

29 고핫 자손의 종족들은 성막 남쪽에 진을 칠 것이요

30 웃시엘의 아들 엘리사반은 고핫 사람의 종족과 조상의 가문의 지휘관이 될 것이며

31 그들이 맡을 것은 증거궤와 상과 등잔대와 제단들과 성소에서 봉사하는 데 쓰는 기구들과 휘장과 그것에 쓰는 모든 것이며

32 제사장 아론의 아들 엘르아살은 레위인의 지휘관들의 어른이 되고 또 성소를 맡을 자를 통할할 것이니라

33 므라리에게서는 말리 종족과 무시 종족이 났으니 이들은 곧 므라리 종족들이라

34 그 계수된 자 곧 일 개월 이상 된 남자는 모두 육천이백 명이며

35 아비하일의 아들 수리엘은 므라리 종족과 조상의 가문의 지휘관이 될 것이요 이 종족은 성막 북쪽에 진을 칠 것이며

36 므라리 자손이 맡을 것은 성막의 널판과 그 띠와 그 기둥과 그 받침과 그 모든 기구와 그것에 쓰는 모든 것이며

37 뜰 사방 기둥과 그 받침과 그 말뚝과 그 줄들이니라

38 성막 앞 동쪽 곧 회막 앞 해 돋는 쪽에는 모세와 아론과 아론의 아들들이 진을 치고 이스라엘 자손의 직무를 위하여 성소의 직무를 수행할 것이며 외인이 가까이 하면 죽일지니라

39 모세와 아론이 여호와의 명령을 따라 레위인을 각 종족대로 계수한즉 일 개월 이상 된 남자는 모두 이만 이천 명이었더라

레위 사람이 맏아들 구실을 하다

40 여호와께서 또 모세에게 이르시되 이스라엘 자손의 처음 태어난 남자를 일 개월 이상으로 다 계수하여 그 명수를 기록하라

41 나는 여호와라 이스라엘 자손 중 모든 처음 태어난 자 대신에 레위인을 내게 돌리고 또 이스라엘 자손의 가축 중 모든 처음 태어난 것 대신에 레위인의 가축을 내게 돌리라

42 모세가 여호와께서 자기에게 명령하신 대로 이스라엘 자손 중 모든 처음 태어난 자를 계수하니

43 일 개월 이상으로 계수된 처음 태어난 남자의 총계는 이만 이천이백칠십삼 명이었더라

44 여호와께서 모세에게 말씀하여 이르시되

45 이스라엘 자손 중 모든 처음 태어난 자 대신에 레위인을 취하고 또 그들의 가축 대신에 레위인의 가축을 취하라 레위인은 내 것이라 나는 여호와니라

46 이스라엘 자손의 처음 태어난 자가 레위인보다 이백칠십삼 명이 더 많은즉 속전으로

47 한 사람에 다섯 세겔씩 받되 성소의 세겔로 받으라 한 세겔은 이십 게라니라

48 그 더한 자의 속전을 아론과 그의 아들들에게 줄 것이니라

49 모세가 레위인으로 대속한 이외의 사람에게서 속전을 받았으니

50 곧 이스라엘 자손의 처음 태어난 자에게서 받은 돈이 성소의 세겔로 천삼백육십오 세겔이라

51 모세가 이 속전을 여호와의 말씀대로 아론과 그의 아들들에게 주었으니 여호와께서 모세에게 명령하심과 같았느니라

4장

고핫 자손의 임무

1 또 여호와께서 모세와 아론에게 말씀하여 이르시되

2 레위 자손 중에서 고핫 자손을 그들의 종족과 조상의 가문에 따라 집계할지니

3 곧 삼십 세 이상으로 오십 세까지 회막의 일을 하기 위하여 그 역사에 참가할 만한 모든 자를 계수하라

4 고핫 자손이 회막 안의 지성물에 대하여 할 일은 이러하니라

5 진영이 전진할 때에 아론과 그의 아들들이 들어가서 칸 막는 휘장을 걷어 증거궤를 덮고

6 그 위를 해달의 가죽으로 덮고 그 위에 순청색 보자기를 덮은 후에 그 채를 꿰고

7 진설병의 상에 청색 보자기를 펴고 대접들과 숟가락들과 주발들과 붓는 잔들을 그 위에 두고 또 항상 진설하는 떡을 그 위에 두고

8 홍색 보자기를 그 위에 펴고 그것을 해달의 가죽 덮개로 덮은 후에 그 채를 꿰고

9 청색 보자기를 취하여 등잔대와 등잔들과 불 집게들과 불똥 그릇들과 그 쓰는 바 모든 기름 그릇을 덮고

10 등잔대와 그 모든 기구를 해달의 가죽 덮개 안에 넣어 메는 틀 위에 두고

11 금제단 위에 청색 보자기를 펴고 해달의 가죽 덮개로 덮고 그 채를 꿰고

12 성소에서 봉사하는 데에 쓰는 모든 기구를 취하여 청색 보자기에 싸서 해달의 가죽 덮개로 덮어 메는 틀 위에 두고

13 제단의 재를 버리고 그 제단 위에 자색 보자기를 펴고

14 봉사하는 데에 쓰는 모든 기구 곧 불 옮기는 그릇들과 고기 갈고리들과 부삽들과 대야들과 제단의 모든 기구를 두고 해달의 가죽 덮개를 그 위에 덮고 그 채를 꿸 것이며

15 진영을 떠날 때에 아론과 그의 아들들이 성소와 성소의 모든 기구 덮는 일을 마치거든 고핫 자손들이 와서 멜 것이니라 그러나 성물은 만지지 말라 그들이 죽으리라 회막 물건 중에서 이것들은 고핫 자손이 멜 것이며

16 제사장 아론의 아들 엘르아살이 맡을 것은 등유와 태우는 향과 항상 드리는 소제물과 관유이며 또 장막 전체와 그 중에 있는 모든 것과 성소와 그 모든 기구니라

17 여호와께서 또 모세와 아론에게 말씀하여 이르시되

18 너희는 고핫 족속의 지파를 레위인 중에서 끊어지게 하지 말지니

19 그들이 지성물에 접근할 때에 그들의 생명을 보존하고 죽지 않게 하기 위하여 이같이 하라 아론과 그의 아들들이 들어가서 각 사람에게 그가 할 일과 그가 멜 것을 지휘하게 할지니라

20 그들은 잠시라도 들어가서 성소를 보지 말라 그들이 죽으리라

게르손 자손의 임무

21 여호와께서 또 모세에게 말씀하여 이르시되

22 게르손 자손도 그 조상의 가문과 종족에 따라 계수하되

23 삼십 세 이상으로 오십 세까지 회막에서 복무하고 봉사할 모든 자를 계수하라

24 게르손 종족의 할 일과 멜 것은 이러하니

25 곧 그들이 성막의 휘장들과 회막과 그 덮개와 그 위의 해달의 가죽 덮개와 회막 휘장 문을 메며

26 뜰의 휘장과 성막과 제단 사방에 있는 뜰의 휘장 문과 그 줄들과 그것에 사용하는 모든 기구를 메며 이 모든 것을 이렇게 맡아 처리할 것이라

27 게르손 자손은 그들의 모든 일 곧 멜 것과 처리할 것을 아론과 그의 아들들의 명령대로 할 것이니 너희는 그들이 멜 짐을 그들에게 맡길 것이니라

28 게르손 자손의 종족들이 회막에서 할 일은 이러하며 그들의 직무는 제사장 아론의 아들 이다말이 감독할지니라

므라리 자손의 임무

29 너는 므라리 자손도 그 조상의 가문과 종족에 따라 계수하되

30 삼십 세부터 오십 세까지 회막에서 복무하고 봉사할 모든 자를 계수하라

31 그들이 직무를 따라 회막에서 할 모든 일 곧 그 멜 것은 이러하니 곧 장막의 널판들과 그 띠들과 그 기둥들과 그 받침들과

32 뜰 둘레의 기둥들과 그 받침들과 그 말뚝들과 그 줄들과 그 모든 기구들과 그것에 쓰는 모든 것이라 너희는 그들이 맡아 멜 모든 기구의 품목을 지정하라 5

33 이는 제사장 아론의 아들 이다말의 수하에 있을 므라리 자손의 종족들이 그 모든 직무대로 회막에서 행할 일이니라

레위 사람 인구 조사 10

34 모세와 아론과 회중의 지도자들이 고핫 자손들을 그 종족과 조상의 가문에 따라 계수하니

35 삼십 세부터 오십 세까지 회막에서 복무하고 봉사할 모든 자

36 곧 그 종족대로 계수된 자가 이천칠백오십 명이니

37 이는 모세와 아론이 여호와께서 모세에게 명령하신 대로 회막에서 종사하는 고핫인의 모든 종족 중 계수된 자이니라 15

38 게르손 자손 중 그 종족과 조상의 가문을 따라 계수된 자는

39 삼십 세부터 오십 세까지 회막 봉사에 참여하여 일할 만한 모든 자라

40 그 종족과 조상의 가문을 따라 계수된 자는 이천육백삼십 명이니

41 이는 모세와 아론이 여호와의 명령대로 회막에서 종사하는 게르손 자손의 모든 종족 중 계수된 자니라 20

42 므라리 자손의 종족 중 그 종족과 조상의 가문을 따라 계수된 자는

43 삼십 세부터 오십 세까지 회막에서 복무하고 봉사할 모든 자라

44 그 종족을 따라 계수된 자는 삼천이백 명이니

45 이는 모세와 아론이 여호와께서 모세에게 명령하신 대로 므라리 자손들의 종족 중 계수된 자니라 25

46 모세와 아론과 이스라엘 지휘관들이 레위인을 그 종족과 조상의 가문에 따라 다 계수하니

47 삼십 세부터 오십 세까지 회막 봉사와 메는 일에 참여하여 일할 만한 모든 자

48 곧 그 계수된 자는 팔천오백팔십 명이라

49 그들이 할 일과 짐을 메는 일을 따라 모세에게 계수되었으되 여호와께서 모세에게 명령하신 대로 그들이 계수되었더라

5장 부정한 사람의 처리

1 여호와께서 모세에게 말씀하여 이르시되

2 이스라엘 자손에게 명령하여 모든 나병 환자와 유출증이 있는 자와 주검으로 부정하게 된 자를 다 진영 밖으로 내보내되

3 남녀를 막론하고 다 진영 밖으로 내보내어 그들이 진영을 더럽히게 하지 말라 내가 그 진영 가운데에 거하느니라 하시매

4 이스라엘 자손이 그같이 행하여 그들을 진영 밖으로 내보냈으니 곧 여호와께서 모세에게 이르신 대로 이스라엘 자손이 행하였더라

죄에 대한 값

5 여호와께서 모세에게 말씀하여 이르시되

6 이스라엘 자손에게 이르라 남자나 여자나 사람들이 범하는 죄를 범하여 여호와께 거역함으로 죄를 지으면

7 그 지은 죄를 자복하고 그 죄 값을 온전히 갚되 오분의 일을 더하여 그가 죄를 지었던 그 사람에게 돌려줄 것이요

8 만일 죄 값을 받을 만한 친척이 없으면 그 죄 값을 여호와께 드려 제사장에게로 돌릴 것이니 이는 그를 위하여 속죄할 속죄의 숫양과 함께 돌릴 것이니라

9 이스라엘 자손이 거제로 제사장에게 가져오는 모든 성물은 그의 것이 될 것이라

10 각 사람이 구별한 물건은 그의 것이 되나니 누구든지 제사장에게 주는 것은 그의 것이 되느니라

아내의 간통을 밝히는 절차

11 여호와께서 모세에게 말씀하여 이르시되

12 이스라엘 자손에게 말하여 그들에게 이르라 만일 어떤 사람의 아내가 탈선하여 남편에게 신의를 저버렸고

13 한 남자가 그 여자와 동침하였으나 그의 남편의 눈에 숨겨 드러나지 아니하였고 그 여자의 더러워진 일에 증인도 없고 그가 잡히지도 아니하였어도

14 그 남편이 의심이 생겨 그 아내를 의심하였는데 그의 아내가 더럽혀졌거나 또는 그 남편이 의심이 생겨 그 아내를 의심하였으나 그 아내가 더럽혀지지 아니하였든지

15 그의 아내를 데리고 제사장에게로 가서 그를 위하여 보리 가루 십분의 일 에바를 헌물로 드리되 그것에 기름도 붓지 말고 유향도 두지 말라 이는 의심의 소제요 죄악을 기억나게 하는 기억의 소제라

16 제사장은 그 여인을 가까이 오게 하여 여호와 앞에 세우고

17 토기에 거룩한 물을 담고 성막 바닥의 티끌을 취하여 물에 넣고

18 여인을 여호와 앞에 세우고 그의 머리를 풀게 하고 기억나게 하는 소제물 곧 의심의 소제물을 그의 두 손에 두고 제사장은 저주가 되게 할 쓴 물을 자기 손에 들고

19 여인에게 맹세하게 하여 그에게 이르기를 네가 네 남편을 두고 탈선하여 다른 남자와 동침하여 더럽힌 일이 없으면 저주가 되게 하는 이 쓴 물의 해독을 면하리라

20 그러나 네가 네 남편을 두고 탈선하여 몸을 더럽혀서 네 남편 아닌 사람과 동침하였으면

21 (제사장이 그 여인에게 저주의 맹세를 하게 하고 그 여인에게 말할지니라) 여호와께서 네 넓적다리가 마르고 네 배가 부어서 네가 네 백성 중에 저줏거리, 맹셋거리가 되게 하실지라

22 이 저주가 되게 하는 이 물이 네 창자에 들어가서 네 배를 붓게 하고 네 넓적다리를 마르게 하리라 할 것이요 여인은 아멘 아멘 할지니라

5

10

15

20

25

23 제사장이 저주의 말을 두루마리에 써서 그 글자를 그 쓴 물에 빨아 넣고

24 여인에게 그 저주가 되게 하는 쓴 물을 마시게 할지니 그 저주가 되게 하는 물이 그의 속에 들어 가서 쓰리라

25 제사장이 먼저 그 여인의 손에서 의심의 소제물을 취하여 그 소제물을 여호와 앞에 흔들고 제단으로 가지고 가서

26 제사장은 그 소제물 중에서 한 움큼을 취하여 그 여자에게 기억나게 하는 소제물로 제단 위에 불사르고 그 후에 여인에게 그 물을 마시게 할지라

27 그 물을 마시게 한 후에 만일 여인이 몸을 더럽혀서 그 남편에게 범죄하였으면 그 저주가 되게 하는 물이 그의 속에 들어가서 쓰게 되어 그의 배가 부으며 그의 넓적다리가 마르리니 그 여인이 그 백성 중에서 저줏거리가 될 것이니라

28 그러나 여인이 더럽힌 일이 없고 정결하면 해를 받지 않고 임신하리라

29 이는 의심의 법이니 아내가 그의 남편을 두고 탈선하여 더럽힌 때나

30 또는 그 남편이 의심이 생겨서 자기의 아내를 의심할 때에 여인을 여호와 앞에 두고 제사장이 이 법대로 행한 것이라

31 남편은 무죄할 것이요 여인은 죄가 있으면 당하리라

6장 나실인의 법

1 여호와께서 모세에게 말씀하여 이르시되

2 이스라엘 자손에게 전하여 그들에게 이르라 남자나 여자가 특별한 서원 곧 나실인의 서원을 하고 자기 몸을 구별하여 여호와께 드리려고 하면

3 포도주와 독주를 멀리하며 포도주로 된 초나 독주로 된 초를 마시지 말며 포도즙도 마시지 말며 생포도나 건포도도 먹지 말지니

4 자기 몸을 구별하는 모든 날 동안에는 포도나무 소산은 씨나 껍질이라도 먹지 말지며

5 그 서원을 하고 구별하는 모든 날 동안은 삭도를 절대로 그의 머리에 대지 말 것이라 자기 몸을 구별하여 여호와께 드리는 날이 차기까지 그는 거룩한즉 그의 머리털을 길게 자라게 할 것이며

6 자기의 몸을 구별하여 여호와께 드리는 모든 날 동안은 시체를 가까이 하지 말 것이요

7 그의 부모 형제 자매가 죽은 때에라도 그로 말미암아 몸을 더럽히지 말 것이니 이는 자기의 몸을 구별하여 하나님께 드리는 표가 그의 머리에 있음이라

8 자기의 몸을 구별하는 모든 날 동안 그는 여호와께 거룩한 자니라

9 누가 갑자기 그 곁에서 죽어서 스스로 구별한 자의 머리를 더럽히면 그의 몸을 정결하게 하는 날에 머리를 밀 것이니 곧 일곱째 날에 밀 것이며

10 여덟째 날에 산비둘기 두 마리나 집비둘기 새끼 두 마리를 가지고 회막 문에 와서 제사장에게 줄 것이요

11 제사장은 그 하나를 속죄제물로, 하나를 번제물로 드려서 그의 시체로 말미암아 얻은 죄를 속하고 또 그는 그 날에 그의 머리를 성결하게 할 것이며

12 자기 몸을 구별하여 여호와께 드릴 날을 새로 정하고 일 년 된 숫양을 가져다가 속건제물로 드릴지니라 자기의 몸을 구별한 때에 그의 몸을 더럽혔은즉 지나간 기간은 무효니라

13 나실인의 법은 이러하니라 자기의 몸을 구별한 날이 차면 그 사람을 회막 문으로 데리고 갈 것이요

14 그는 여호와께 헌물을 드리되 번제물로 일 년 된 흠 없는 숫양 한 마리와 속죄제물로 일 년 된 흠 없는 어린 암양 한 마리와 화목제물로 흠 없는 숫양 한 마리와

15 무교병 한 광주리와 고운 가루에 기름 섞은 과자들과 기름 바른 무교전병들과 그 소제물과 전제물을 드릴 것이요

16 제사장은 그것들을 여호와 앞에 가져다가 속죄제와 번제를 드리고

17 화목제물로 숫양에 무교병 한 광주리를 아울러 여호와께 드리고 그 소
제와 전제를 드릴 것이요

18 자기의 몸을 구별한 나실인은 회막 문에서 자기의 머리털을 밀고 그것
을 화목제물 밑에 있는 불에 둘지며

19 자기의 몸을 구별한 나실인이 그의 머리 털을 민 후에 제사장이 삶은
숫양의 어깨와 광주리 가운데 무교병 하나와 무교전병 하나를 취하여
나실인의 두 손에 두고

20 여호와 앞에 요제로 흔들 것이며 그것과 흔든 가슴과 받들어올린 넓적
다리는 성물이라 다 제사장에게 돌릴 것이니라 그 후에는 나실인이 포
도주를 마실 수 있느니라

21 이는 곧 서원한 나실인이 자기의 몸을 구별한 일로 말미암아 여호와께
헌물을 드림과 행할 법이며 이외에도 힘이 미치는 대로 하려니와 그가
서원한 대로 자기의 몸을 구별하는 법을 따라 할 것이니라

제사장의 축복

22 여호와께서 모세에게 말씀하여 이르시되

23 아론과 그의 아들들에게 말하여 이르기를 너희는 이스라엘 자손을 위
하여 이렇게 축복하여 이르되

24 여호와는 네게 복을 주시고 너를 지키시기를 원하며

25 여호와는 그의 얼굴을 네게 비추사 은혜 베푸시기를 원하며

26 여호와는 그 얼굴을 네게로 향하여 드사 평강 주시기를 원하노라 할지
니라 하라

27 그들은 이같이 내 이름으로 이스라엘 자손에게 축복할지니 내가 그들
에게 복을 주리라

7장 **감독된 자들이 드린 헌물**

1 모세가 장막 세우기를 끝내고 그것에 기름을 발라 거룩히 구별하고 또
그 모든 기구와 제단과 그 모든 기물에 기름을 발라 거룩히 구별한 날에

2 이스라엘 지휘관들 곧 그들의 조상의 가문의 우두머리들이요 그 지파의 지휘관으로서 그 계수함을 받은 자의 감독된 자들이 헌물을 드렸으니

3 그들이 여호와께 드린 헌물은 덮개 있는 수레 여섯 대와 소 열두 마리이니 지휘관 두 사람에 수레가 하나씩이요 지휘관 한 사람에 소가 한 마리씩이라 그것들을 장막 앞에 드린지라

4 여호와께서 모세에게 말씀하여 이르시되

5 그것을 그들에게서 받아 레위인에게 주어 각기 직임대로 회막 봉사에 쓰게 할지니라

6 모세가 수레와 소를 받아 레위인에게 주었으니

7 곧 게르손 자손들에게는 그들의 직임대로 수레 둘과 소 네 마리를 주었고

8 므라리 자손들에게는 그들의 직임대로 수레 넷과 소 여덟 마리를 주고 제사장 아론의 아들 이다말에게 감독하게 하였으나

9 고핫 자손에게는 주지 아니하였으니 그들의 성소의 직임은 그 어깨로 메는 일을 하는 까닭이었더라

10 제단에 기름을 바르던 날에 지휘관들이 제단의 봉헌을 위하여 헌물을 가져다가 그 헌물을 제단 앞에 드리니라

11 여호와께서 모세에게 이르시기를 지휘관들은 하루 한 사람씩 제단의 봉헌물을 드릴지니라 하셨더라

12 첫째 날에 헌물을 드린 자는 유다 지파 암미나답의 아들 나손이라

13 그의 헌물은 성소의 세겔로 백삼십 세겔 무게의 은반 하나와 칠십 세겔 무게의 은 바리 하나라 이 두 그릇에는 소제물로 기름 섞은 고운 가루를 채웠고

14 또 열 세겔 무게의 금 그릇 하나라 그것에는 향을 채웠고

15 또 번제물로 수송아지 한 마리와 숫양 한 마리와 일 년 된 어린 숫양 한 마리이며

16 속죄제물로 숫염소 한 마리이며

17 화목제물로 소 두 마리와 숫양 다섯 마리와 숫염소 다섯 마리와 일 년 된 어린 숫양 다섯 마리라 이는 암미나답의 아들 나손의 헌물이었더라

18 둘째 날에는 잇사갈의 지휘관 수알의 아들 느다넬이 헌물을 드렸으니

19 그가 드린 헌물도 성소의 세겔로 백삼십 세겔 무게의 은반 하나와 칠십 세겔 무게의 은 바리 하나라 이 두 그릇에는 소제물로 기름 섞은 고운 가루를 채웠고

20 또 열 세겔 무게의 금 그릇 하나라 그것에는 향을 채웠고

21 또 번제물로 수송아지 한 마리와 숫양 한 마리와 일 년 된 어린 숫양 한 마리이며

22 속죄제물로 숫염소 한 마리이며

23 화목제물로 소 두 마리와 숫양 다섯 마리와 숫염소 다섯 마리와 일년 된 어린 숫양 다섯 마리라 이는 수알의 아들 느다넬의 헌물이었더라

24 셋째 날에는 스불론 자손의 지휘관 헬론의 아들 엘리압이 헌물을 드렸으니

25 그의 헌물도 성소의 세겔로 백삼십 세겔 무게의 은반 하나와 칠십 세겔 무게의 은 바리 하나라 이 두 그릇에는 소제물로 기름 섞은 고운 가루를 채웠고

26 또 열 세겔 무게의 금 그릇 하나라 이것에는 향을 채웠고

27 또 번제물로 수송아지 한 마리와 숫양 한 마리와 일 년 된 어린 숫양 한 마리이며

28 속죄제물로 숫염소 한 마리이며

29 화목제물로 소 두 마리와 숫양 다섯 마리와 숫염소 다섯 마리와 일 년 된 어린 숫양 다섯 마리라 이는 헬론의 아들 엘리압의 헌물이었더라

30 넷째 날에는 르우벤 자손의 지휘관 스데울의 아들 엘리술이 헌물을 드렸으니

31 그의 헌물도 성소의 세겔로 백삼십 세겔 무게의 은 쟁반 하나와 칠십 세겔 무게의 은 바리 하나라 이 두 그릇에는 소제물로 기름 섞은 고운 가루를 채웠고

32 또 열 세겔 무게의 금 그릇 하나라 이것에는 향을 채웠고

33 또 번제물로 수송아지 한 마리와 숫양 한 마리와 일 년 된 어린 숫양 한 마리이며

34 속죄제물로 숫염소 한 마리이며

35 화목제물로 소 두 마리와 숫양 다섯 마리와 숫염소 다섯 마리와 일 년 된 어린 숫양 다섯 마리라 이는 스데울의 아들 엘리술의 헌물이었더라

36 다섯째 날에는 시므온 자손의 지휘관 수리삿대의 아들 슬루미엘이 헌물을 드렸으니

37 그 헌물도 성소의 세겔로 백삼십 세겔 무게의 은 쟁반 하나와 칠십 세겔 무게의 은 바리 하나라 이 두 그릇에는 소제물로 기름 섞은 고운 가루를 채웠고

38 또 열 세겔 무게의 금 그릇 하나라 이것에는 향을 채웠고

39 또 번제물로 수송아지 한 마리와 숫양 한 마리와 일 년 된 어린 숫양 한 마리이며

40 속죄제물로 숫염소 한 마리이며

41 화목제물로 소 두 마리와 숫양 다섯 마리와 숫염소 다섯 마리와 일 년 된 어린 숫양 다섯 마리라 이는 수리삿대의 아들 슬루미엘의 헌물이었더라

42 여섯째 날에는 갓 자손의 지휘관 드우엘의 아들 엘리아삽이 헌물을 드렸으니

43 그의 헌물도 성소의 세겔로 백삼십 세겔 무게의 은 쟁반 하나와 칠십 세겔 무게의 은 바리 하나라 이 두 그릇에는 소제물로 기름 섞은 고운 가루를 채웠고

44 또 열 세겔 무게의 금 그릇 하나라 이것에는 향을 채웠고

45 또 번제물로 수송아지 한 마리와 숫양 한 마리와 일 년 된 어린 숫양 한 마리이며

46 속죄제물로 숫염소 한 마리이며

47 화목제물로 소 두 마리와 숫양 다섯 마리와 숫염소 다섯 마리와 일 년 된 어린 숫양 다섯 마리라 이는 드우엘의 아들 엘리아삽의 헌물이었더라

48 일곱째 날에는 에브라임 자손의 지휘관 암미훗의 아들 엘리사마가 헌물을 드렸으니

49 그의 헌물도 성소의 세겔로 백삼십 세겔 무게의 은 쟁반 하나와 칠십 세겔 무게의 은 바리 하나라 이 두 그릇에는 소제물로 기름 섞은 고운 가루를 채웠고

50 또 열 세겔 무게의 금 그릇 하나라 이것에는 향을 채웠고

51 또 번제물로 수송아지 한 마리와 숫양 한 마리와 일 년 된 어린 숫양 한 마리이며

52 속죄제물로 숫염소 한 마리이며

53 화목제물로 소 두 마리와 숫양 다섯 마리와 숫염소 다섯 마리와 일 년 된 어린 숫양 다섯 마리라 이는 암미훗의 아들 엘리사마의 헌물이었더라

54 여덟째 날에는 므낫세 자손의 지휘관 브다술의 아들 가말리엘이 헌물을 드렸으니

55 그 헌물도 성소의 세겔로 백삼십 세겔 무게의 은 쟁반 하나와 칠십 세겔 무게의 은 바리 하나라 이 두 그릇에는 소제물로 기름 섞은 고운 가루를 채웠고

56 또 열 세겔 무게의 금 그릇 하나라 이것에는 향을 채웠고

57 또 번제물로 수송아지 한 마리와 숫양 한 마리와 일 년 된 어린 숫양 한 마리이며

58 속죄제물로 숫염소 한 마리이며

59 화목제물로 소 두 마리와 숫양 다섯 마리와 숫염소 다섯 마리와 일 년 된 어린 숫양 다섯 마리라 이는 브다술의 아들 가말리엘의 헌물이었더라

60 아홉째 날에는 베냐민 자손의 지휘관 기드오니의 아들 아비단이 헌물을 드렸으니

61 그의 헌물도 성소의 세겔로 백삼십 세겔 무게의 은 쟁반 하나와 칠십 세겔 무게의 은 바리 하나라 이 두 그릇에는 소제물로 기름 섞은 고운 가루를 채웠고

62 또 열 세겔 무게의 금 그릇 하나라 이것에는 향을 채웠고

63 또 번제물로 수송아지 한 마리와 숫양 한 마리와 일 년 된 어린 숫양 한 마리이며

64 속죄제물로 숫염소 한 마리이며

65 화목제물로 소 두 마리와 숫양 다섯 마리와 숫염소 다섯 마리와 일 년 된 어린 숫양 다섯 마리라 이는 기드오니의 아들 아비단의 헌물이었더라

66 열째 날에는 단 자손의 지휘관 암미삿대의 아들 아히에셀이 헌물을 드렸으니

67 그의 헌물도 성소의 세겔로 백삼십 세겔 무게의 은 쟁반 하나와 칠십 세겔 무게의 은 바리 하나라 이 두 그릇에는 소제물로 기름 섞은 고운 가루를 채웠고

68 또 열 세겔 무게의 금 그릇 하나라 이것에는 향을 채웠고

69 또 번제물로 수송아지 한 마리와 숫양 한 마리와 일 년 된 어린 숫양 한 마리이며

70 속죄제물로 숫염소 한 마리이며

71 화목제물로 소 두 마리와 숫양 다섯 마리와 숫염소 다섯 마리와 일 년 된 어린 숫양 다섯 마리라 이는 암미삿대의 아들 아히에셀의 헌물이었더라

72 열한째 날에는 아셀 자손의 지휘관 오그란의 아들 바기엘이 헌물을 드렸으니

73 그의 헌물도 성소의 세겔로 백삼십 세겔 무게의 은 쟁반 하나와 칠십 세겔 무게의 은 바리 하나라 이 두 그릇에는 소제물로 기름 섞은 고운 가루를 채웠고

74 또 열 세겔 무게의 금 그릇 하나라 이것에는 향을 채웠고

75 또 번제물로 수송아지 한 마리와 숫양 한 마리와 일 년 된 어린 숫양 한 마리이며

76 속죄제물로 숫염소 한 마리이며

77 화목제물로 소 두 마리와 숫양 다섯 마리와 숫염소 다섯 마리와 일 년 된 어린 숫양 다섯 마리라 이는 오그란의 아들 바기엘의 헌물이었더라

78 열두째 날에는 납달리 자손의 지휘관 에난의 아들 아히라가 헌물을 드렸으니

79 그의 헌물도 성소의 세겔로 백삼십 세겔 무게의 은 쟁반 하나와 칠십 세겔 무게의 은 바리 하나라 이 두 그릇에는 소제물로 기름 섞은 고운 가루를 채웠고

5

80 또 열 세겔 무게의 금 그릇 하나라 이것에는 향을 채웠고

81 또 번제물로 수송아지 한 마리와 숫양 한 마리와 일 년 된 어린 숫양 한 마리이며

82 속죄제물로 숫염소 한 마리이며

83 화목제물로 소 두 마리와 숫양 다섯 마리와 숫염소 다섯 마리와 일 년 된 어린 숫양 다섯 마리라 이는 에난의 아들 아히라의 헌물이었더라

10

84 이는 곧 제단에 기름 바르던 날에 이스라엘 지휘관들이 드린 바 제단의 봉헌물이라 은 쟁반이 열둘이요 은 바리가 열둘이요 금 그릇이 열둘이니

85 은 쟁반은 각각 백삼십 세겔 무게요 은 바리는 각각 칠십 세겔 무게라 성소의 세겔로 모든 기구의 은이 모두 이천사백 세겔이요

15

86 또 향을 채운 금 그릇이 열둘이니 성소의 세겔로 각각 열 세겔 무게라 그 그릇의 금이 모두 백이십 세겔이요

87 또 번제물로 수송아지가 열두 마리요 숫양이 열두 마리요 일 년 된 어린 숫양이 열두 마리요 그 소제물이며 속죄제물로 숫염소가 열두 마리이며

20

88 화목제물로 수소가 스물네 마리요 숫양이 육십 마리요 숫염소가 육십 마리요 일 년 된 어린 숫양이 육십 마리라 이는 제단에 기름 바른 후에 드린 바 제단의 봉헌물이었더라

89 모세가 회막에 들어가서 여호와께 말하려 할 때에 증거궤 위 속죄소 위의 두 그룹 사이에서 자기에게 말씀하시는 목소리를 들었으니 여호와께서 그에게 말씀하심이었더라

25

8장

등잔을 차려 놓는 방식

1 여호와께서 또 모세에게 말씀하여 이르시되

2 아론에게 말하여 이르라 등불을 켤 때에는 일곱 등잔을 등잔대 앞으로 비추게 할지니라 하시매

3 아론이 그리하여 등불을 등잔대 앞으로 비추도록 켰으니 여호와께서 모세에게 명령하심과 같았더라

4 이 등잔대의 제작법은 이러하니 곧 금을 쳐서 만든 것인데 밑판에서 그 꽃까지 쳐서 만든 것이라 모세가 여호와께서 자기에게 보이신 양식을 따라 이 등잔대를 만들었더라

레위인을 요제로 여호와께 드리다

5 여호와께서 모세에게 말씀하여 이르시되

6 이스라엘 자손 중에서 레위인을 데려다가 정결하게 하라

7 너는 이같이 하여 그들을 정결하게 하되 곧 속죄의 물을 그들에게 뿌리고 그들에게 그들의 전신을 삭도로 밀게 하고 그 의복을 빨게 하여 몸을 정결하게 하고

8 또 그들에게 수송아지 한 마리를 번제물로, 기름 섞은 고운 가루를 그 소제물로 가져오게 하고 그 외에 너는 또 수송아지 한 마리를 속죄제물로 가져오고

9 레위인을 회막 앞에 나오게 하고 이스라엘 자손의 온 회중을 모으고

10 레위인을 여호와 앞에 나오게 하고 이스라엘 자손이 그들에게 안수하게 한 후에

11 아론이 이스라엘 자손을 위하여 레위인을 흔들어 바치는 제물로 여호와 앞에 드릴지니 이는 그들에게 여호와께 봉사하게 하기 위함이라

12 레위인으로 수송아지들의 머리에 안수하게 하고 네가 그 하나는 속죄제물로, 하나는 번제물로 여호와께 드려 레위인을 속죄하고

13 레위인을 아론과 그의 아들들 앞에 세워 여호와께 요제로 드릴지니라

14 너는 이같이 이스라엘 자손 중에서 레위인을 구별하라 그리하면 그들이 내게 속할 것이라

15 네가 그들을 정결하게 하여 요제로 드린 후에 그들이 회막에 들어가서 봉사할 것이니라

16 그들은 이스라엘 자손 중에서 내게 온전히 드린 바 된 자라 이스라엘 자손 중 모든 초태생 곧 모든 처음 태어난 자 대신 내가 그들을 취하였나니

17 이스라엘 자손 중에 처음 태어난 것은 사람이든지 짐승이든지 다 내게 속하였음은 내가 애굽 땅에서 모든 처음 태어난 자를 치던 날에 그들을 내게 구별하였음이라

18 이러므로 내가 이스라엘 자손 중 모든 처음 태어난 자 대신 레위인을 취하였느니라

19 내가 이스라엘 자손 중에서 레위인을 취하여 그들을 아론과 그의 아들들에게 주어 그들로 회막에서 이스라엘 자손을 대신하여 봉사하게 하며 또 이스라엘 자손을 위하여 속죄하게 하였나니 이는 이스라엘 자손이 성소에 가까이 할 때에 그들 중에 재앙이 없게 하려 하였음이니라

20 모세와 아론과 이스라엘 자손의 온 회중이 여호와께서 레위인에 대하여 모세에게 명령하신 것을 다 따라 레위인에게 행하였으되 곧 이스라엘 자손이 그와 같이 그들에게 행하였더라

21 레위인이 이에 죄에서 스스로 깨끗하게 하고 그들의 옷을 빨매 아론이 그들을 여호와 앞에 요제로 드리고 그가 또 그들을 위하여 속죄하여 정결하게 한

22 후에 레위인이 회막에 들어가서 아론과 그의 아들들 앞에서 봉사하니라 여호와께서 레위인의 일에 대하여 모세에게 명령하게 하신 것을 따라 그와 같이 그들에게 행하였더라

23 여호와께서 또 모세에게 말씀하여 이르시되

24 레위인은 이같이 할지니 곧 이십오 세 이상으로는 회막에 들어가서 복무하고 봉사할 것이요

25 오십 세부터는 그 일을 쉬어 봉사하지 아니할 것이나

26 그의 형제와 함께 회막에서 돕는 직무를 지킬 것이요 일하지 아니할 것이라 너는 레위인의 직무에 대하여 이같이 할지니라

9장 두 번째 유월절

1 애굽 땅에서 나온 다음 해 첫째 달에 여호와께서 시내 광야에서 모세에게 말씀하여 이르시되

2 이스라엘 자손에게 유월절을 그 정한 기일에 지키게 하라

3 그 정한 기일 곧 이 달 열넷째 날 해 질 때에 너희는 그것을 지키되 그 모든 율례와 그 모든 규례대로 지킬지니라

4 모세가 이스라엘 자손에게 명령하여 유월절을 지키라 하매

5 그들이 첫째 달 열넷째 날 해 질 때에 시내 광야에서 유월절을 지켰으되 이스라엘 자손이 여호와께서 모세에게 명령하신 것을 다 따라 행하였더라

6 그 때에 사람의 시체로 말미암아 부정하게 되어서 유월절을 지킬 수 없는 사람들이 있었는데 그들이 그 날에 모세와 아론 앞에 이르러

7 그에게 이르되 우리가 사람의 시체로 말미암아 부정하게 되었거니와 우리를 금지하여 이스라엘 자손과 함께 정한 기일에 여호와께 헌물을 드리지 못하게 하심은 어찌함이니이까

8 모세가 그들에게 이르되 기다리라 여호와께서 너희에게 대하여 어떻게 명령하시는지 내가 들으리라

9 여호와께서 모세에게 말씀하여 이르시되

10 이스라엘 자손에게 말하여 이르라 너희나 너희 후손 중에 시체로 말미암아 부정하게 되든지 먼 여행 중에 있다 할지라도 다 여호와 앞에 마땅히 유월절을 지키되

11 둘째 달 열넷째 날 해 질 때에 그것을 지켜서 어린 양에 무교병과 쓴 나물을 아울러 먹을 것이요

12 아침까지 그것을 조금도 남겨두지 말며 그 뼈를 하나도 꺾지 말아서 유월절 모든 율례대로 지킬 것이니라

13 그러나 사람이 정결하기도 하고 여행 중에도 있지 아니하면서 유월절을 지키지 아니하는 자는 그 백성 중에서 끊어지리니 이런 사람은 그 정한 기일에 여호와께 헌물을 드리지 아니하였은즉 그의 죄를 담당할지며

14 만일 타국인이 너희 중에 거류하여 여호와 앞에 유월절을 지키고자 하면 유월절 율례대로 그 규례를 따라서 행할지니 거류민에게나 본토인에게나 그 율례는 동일할 것이니라

길을 안내한 구름

15 성막을 세운 날에 구름이 성막 곧 증거의 성막을 덮었고 저녁이 되면 성막 위에 불 모양 같은 것이 나타나서 아침까지 이르렀으되

16 항상 그러하여 낮에는 구름이 그것을 덮었고 밤이면 불 모양이 있었는데

17 구름이 성막에서 떠오르는 때에는 이스라엘 자손이 곧 행진하였고 구름이 머무는 곳에 이스라엘 자손이 진을 쳤으니

18 이스라엘 자손이 여호와의 명령을 따라 행진하였고 여호와의 명령을 따라 진을 쳤으며 구름이 성막 위에 머무는 동안에는 그들이 진영에 머물렀고

19 구름이 성막 위에 머무는 날이 오랠 때에는 이스라엘 자손이 여호와의 명령을 지켜 행진하지 아니하였으며

20 혹시 구름이 성막 위에 머무는 날이 적을 때에도 그들이 다만 여호와의 명령을 따라 진영에 머물고 여호와의 명령을 따라 행진하였으며

21 혹시 구름이 저녁부터 아침까지 있다가 아침에 그 구름이 떠오를 때에는 그들이 행진하였고 구름이 밤낮 있다가 떠오르면 곧 행진하였으며

22 이틀이든지 한 달이든지 일 년이든지 구름이 성막 위에 머물러 있을 동안에는 이스라엘 자손이 진영에 머물고 행진하지 아니하다가 떠오르면 행진하였으니

23 곧 그들이 여호와의 명령을 따라 진을 치며 여호와의 명령을 따라 행진하고 또 모세를 통하여 이르신 여호와의 명령을 따라 여호와의 직임을 지켰더라

10장

나팔 신호

1 여호와께서 모세에게 말씀하여 이르시되

2 은 나팔 둘을 만들되 두들겨 만들어서 그것으로 회중을 소집하며 진영을 출발하게 할 것이라

3 나팔 두 개를 불 때에는 온 회중이 회막 문 앞에 모여서 네게로 나아올 것이요

4 하나만 불 때에는 이스라엘의 천부장 된 지휘관들이 모여서 네게로 나아올 것이며

5 너희가 그것을 크게 불 때에는 동쪽 진영들이 행진할 것이며

6 두 번째로 크게 불 때에는 남쪽 진영들이 행진할 것이라 떠나려 할 때에는 나팔 소리를 크게 불 것이며

7 또 회중을 모을 때에도 나팔을 불 것이나 소리를 크게 내지 말며

8 그 나팔은 아론의 자손인 제사장들이 불지니 이는 너희 대대에 영원한 율례니라

9 또 너희 땅에서 너희가 자기를 압박하는 대적을 치러 나갈 때에는 나팔을 크게 불지니 그리하면 너희 하나님 여호와가 너희를 기억하고 너희를 너희의 대적에게서 구원하시리라

10 또 너희의 희락의 날과 너희가 정한 절기와 초하루에는 번제물을 드리고 화목제물을 드리며 나팔을 불라 그로 말미암아 너희의 하나님이 너희를 기억하시리라 나는 너희의 하나님 여호와니라

이스라엘 자손이 진행하기를 시작하다

11 둘째 해 둘째 달 스무날에 구름이 증거의 성막에서 떠오르매

12 이스라엘 자손이 시내 광야에서 출발하여 자기 길을 가더니 바란 광야에 구름이 머무니라

13 이와 같이 그들이 여호와께서 모세에게 명령하신 것을 따라 행진하기를 시작하였는데

14 선두로 유다 자손의 진영의 군기에 속한 자들이 그들의 진영별로 행진하였으니 유다 군대는 암미나답의 아들 나손이 이끌었고

15 잇사갈 자손 지파의 군대는 수알의 아들 느다넬이 이끌었고

16 스불론 자손 지파의 군대는 헬론의 아들 엘리압이 이끌었더라

17 이에 성막을 걷으매 게르손 자손과 므라리 자손이 성막을 메고 출발하였으며

18 다음으로 르우벤 진영의 군기에 속한 자들이 그들의 진영별로 출발하였으니 르우벤의 군대는 스데울의 아들 엘리술이 이끌었고

19 시므온 자손 지파의 군대는 수리삿대의 아들 슬루미엘이 이끌었고

20 갓 자손 지파의 군대는 드우엘의 아들 엘리아삽이 이끌었더라

21 고핫인은 성물을 메고 행진하였고 그들이 이르기 전에 성막을 세웠으며

22 다음으로 에브라임 자손 진영의 군기에 속한 자들이 그들의 진영별로 행진하였으니 에브라임 군대는 암미훗의 아들 엘리사마가 이끌었고

23 므낫세 자손 지파의 군대는 브다술의 아들 가말리엘이 이끌었고

24 베냐민 자손 지파의 군대는 기드오니의 아들 아비단이 이끌었더라

25 다음으로 단 자손 진영의 군기에 속한 자들이 그들의 진영별로 행진하였으니 이 군대는 모든 진영의 마지막 진영이었더라 단 군대는 암미삿대의 아들 아히에셀이 이끌었고

26 아셀 자손 지파의 군대는 오그란의 아들 바기엘이 이끌었고

27 납달리 자손 지파의 군대는 에난의 아들 아히라가 이끌었더라

28 이스라엘 자손이 행진할 때에 이와 같이 그들의 군대를 따라 나아갔더라

29 모세가 모세의 장인 미디안 사람 르우엘의 아들 호밥에게 이르되 여호와께서 주마 하신 곳으로 우리가 행진하나니 우리와 동행하자 그리하면 선대하리라 여호와께서 이스라엘에게 복을 내리리라 하셨느니라

30 호밥이 그에게 이르되 나는 가지 아니하고 내 고향 내 친족에게로 가리라

31 모세가 이르되 청하건대 우리를 떠나지 마소서 당신은 우리가 광야에서 어떻게 진 칠지를 아나니 우리의 눈이 되리이다

32 우리와 동행하면 여호와께서 우리에게 복을 내리시는 대로 우리도 당신에게 행하리이다

33 그들이 여호와의 산에서 떠나 삼 일 길을 갈 때에 여호와의 언약궤가 그 삼 일 길에 앞서 가며 그들의 쉴 곳을 찾았고

34 그들이 진영을 떠날 때에 낮에는 여호와의 구름이 그 위에 덮였었더라

35 궤가 떠날 때에는 모세가 말하되 여호와여 일어나사 주의 대적들을 흩으시고 주를 미워하는 자가 주 앞에서 도망하게 하소서 하였고

36 궤가 쉴 때에는 말하되 여호와여 이스라엘 종족들에게로 돌아오소서 하였더라

11장 다베라

1 여호와께서 들으시기에 백성이 악한 말로 원망하매 여호와께서 들으시고 진노하사 여호와의 불을 그들 중에 붙여서 진영 끝을 사르게 하시매

2 백성이 모세에게 부르짖으므로 모세가 여호와께 기도하니 불이 꺼졌더라

3 그 곳 이름을 다베라라 불렀으니 이는 여호와의 불이 그들 중에 붙은 까닭이었더라

모세가 장로 칠십 인을 뽑다

4 그들 중에 섞여 사는 다른 인종들이 탐욕을 품으매 이스라엘 자손도 다시 울며 이르되 누가 우리에게 고기를 주어 먹게 하랴

5 우리가 애굽에 있을 때에는 값없이 생선과 오이와 참외와 부추와 파와 마늘들을 먹은 것이 생각나거늘

6 이제는 우리의 기력이 다하여 이 만나 외에는 보이는 것이 아무 것도 없도다 하니

7 만나는 깟씨와 같고 모양은 진주와 같은 것이라

8 백성이 두루 다니며 그것을 거두어 맷돌에 갈기도 하며 절구에 찧기도 하고 가마에 삶기도 하여 과자를 만들었으니 그 맛이 기름 섞은 과자 맛 같았더라

9 밤에 이슬이 진영에 내릴 때에 만나도 함께 내렸더라

10 백성의 온 종족들이 각기 자기 장막 문에서 우는 것을 모세가 들으니라 이러므로 여호와의 진노가 심히 크고 모세도 기뻐하지 아니하여

11 모세가 여호와께 여쭈오되 어찌하여 주께서 종을 괴롭게 하시나이까 어찌하여 내게 주의 목전에서 은혜를 입게 아니하시고 이 모든 백성을 내게 맡기사 내가 그 짐을 지게 하시나이까

12 이 모든 백성을 내가 배었나이까 내가 그들을 낳았나이까 어찌 주께서 내게 양육하는 아버지가 젖 먹는 아이를 품듯 그들을 품에 품고 주께서 그들의 열조에게 맹세하신 땅으로 가라 하시나이까

13 이 모든 백성에게 줄 고기를 내가 어디서 얻으리이까 그들이 나를 향하여 울며 이르되 우리에게 고기를 주어 먹게 하라 하온즉

14 책임이 심히 중하여 나 혼자는 이 모든 백성을 감당할 수 없나이다

15 주께서 내게 이같이 행하실진대 구하옵나니 내게 은혜를 베푸사 즉시 나를 죽여 내가 고난 당함을 내가 보지 않게 하옵소서

16 여호와께서 모세에게 이르시되 이스라엘 노인 중에 네가 알기로 백성의 장로와 지도자가 될 만한 자 칠십 명을 모아 내게 데리고 와 회막에 이르러 거기서 너와 함께 서게 하라

17 내가 강림하여 거기서 너와 말하고 네게 임한 영을 그들에게도 임하게 하리니 그들이 너와 함께 백성의 짐을 담당하고 너 혼자 담당하지 아니하리라

18 또 백성에게 이르기를 너희의 몸을 거룩히 하여 내일 고기 먹기를 기다리라 너희가 울며 이르기를 누가 우리에게 고기를 주어 먹게 하랴 애굽에 있을 때가 우리에게 좋았다 하는 말이 여호와께 들렸으므로 여호와께서 너희에게 고기를 주어 먹게 하실 것이라

19 하루나 이틀이나 닷새나 열흘이나 스무 날만 먹을 뿐 아니라

20 냄새도 싫어하기까지 한 달 동안 먹게 하시리니 이는 너희가 너희 중에 계시는 여호와를 멸시하고 그 앞에서 울며 이르기를 우리가 어찌하여 애굽에서 나왔던가 함이라 하라

21 모세가 이르되 나와 함께 있는 이 백성의 보행자가 육십만 명이온데 주의 말씀이 한 달 동안 고기를 주어 먹게 하겠다 하시오니

22 그들을 위하여 양 떼와 소 떼를 잡은들 족하오며 바다의 모든 고기를 모은들 족하오리이까

23 여호와께서 모세에게 이르시되 여호와의 손이 짧으냐 네가 이제 내 말이 네게 응하는 여부를 보리라

24 모세가 나가서 여호와의 말씀을 백성에게 알리고 백성의 장로 칠십 인을 모아 장막에 둘러 세우매

25 여호와께서 구름 가운데 강림하사 모세에게 말씀하시고 그에게 임한 영을 칠십 장로에게도 임하게 하시니 영이 임하신 때에 그들이 예언을 하다가 다시는 하지 아니하였더라

26 그 기명된 자 중 엘닷이라 하는 자와 메닷이라 하는 자 두 사람이 진영에 머물고 장막에 나아가지 아니하였으나 그들에게도 영이 임하였으므로 진영에서 예언한지라

27 한 소년이 달려와서 모세에게 전하여 이르되 엘닷과 메닷이 진중에서 예언하나이다 하매

28 택한 자 중 한 사람 곧 모세를 섬기는 눈의 아들 여호수아가 말하여 이르되 내 주 모세여 그들을 말리소서

29 모세가 그에게 이르되 네가 나를 두고 시기하느냐 여호와께서 그의 영을 그의 모든 백성에게 주사 다 선지자가 되게 하시기를 원하노라

30 모세와 이스라엘 장로들이 진중으로 돌아왔더라

여호와께서 메추라기를 보내시다

31 바람이 여호와에게서 나와 바다에서부터 메추라기를 몰아 진영 곁 이쪽 저쪽 곧 진영 사방으로 각기 하룻길 되는 지면 위 두 규빗쯤에 내리게 한지라

32 백성이 일어나 그 날 종일 종야와 그 이튿날 종일토록 메추라기를 모으니 적게 모은 자도 열 호멜이라 그들이 자기들을 위하여 진영 사면에 펴 두었더라

33 고기가 아직 이 사이에 있어 씹히기 전에 여호와께서 백성에게 대하여 진노하사 심히 큰 재앙으로 치셨으므로

34 그 곳 이름을 기브롯 핫다아와라 불렀으니 욕심을 낸 백성을 거기 장사함이었더라

35 백성이 기브롯 핫다아와에서 행진하여 하세롯에 이르러 거기 거하니라

12장 미리암이 벌을 받다

1 모세가 구스 여자를 취하였더니 그 구스 여자를 취하였으므로 미리암과 아론이 모세를 비방하니라

2 그들이 이르되 여호와께서 모세와만 말씀하셨느냐 우리와도 말씀하지 아니하셨느냐 하매 여호와께서 이 말을 들으셨더라

3 이 사람 모세는 온유함이 지면의 모든 사람보다 더하더라

4 어호외께서 갑자기 모세와 아론과 미리암에게 이르시되 너희 세 사람은 회막으로 나아오라 하시니 그 세 사람이 나아가매

5 여호와께서 구름 기둥 가운데로부터 강림하사 장막 문에 서시고 아론과 미리암을 부르시는지라 그 두 사람이 나아가매

6 이르시되 내 말을 들으라 너희 중에 선지자가 있으면 나 여호와가 환상으로 나를 그에게 알리기도 하고 꿈으로 그와 말하기도 하거니와

7 내 종 모세와는 그렇지 아니하니 그는 내 온 집에 충성함이라

8 그와는 내가 대면하여 명백히 말하고 은밀한 말로 하지 아니하며 그는 또 여호와의 형상을 보거늘 너희가 어찌하여 내 종 모세 비방하기를 두려워하지 아니하느냐

9 여호와께서 그들을 향하여 진노하시고 떠나시매

10 구름이 장막 위에서 떠나갔고 미리암은 나병에 걸려 눈과 같더라 아론이 미리암을 본즉 나병에 걸렸는지라

68

11 아론이 이에 모세에게 이르되 슬프도다 내 주여 우리가 어리석은 일을 하여 죄를 지었으나 청하건대 그 벌을 우리에게 돌리지 마소서

12 그가 살이 반이나 썩어 모태로부터 죽어서 나온 자 같이 되지 않게 하소서

13 모세가 여호와께 부르짖어 이르되 하나님이여 원하건대 그를 고쳐 주옵소서 5

14 여호와께서 모세에게 이르시되 그의 아버지가 그의 얼굴에 침을 뱉었을 지라도 그가 이레 동안 부끄러워하지 않겠느냐 그런즉 그를 진영 밖에 이레 동안 가두고 그 후에 들어오게 할지니라 하시니

15 이에 미리암이 진영 밖에 이레 동안 갇혀 있었고 백성은 그를 다시 들어오게 하기까지 행진하지 아니하다가 10

16 그 후에 백성이 하세롯을 떠나 바란 광야에 진을 치니라

13장 가나안 땅 정탐

1 여호와께서 모세에게 말씀하여 이르시되 15

2 사람을 보내어 내가 이스라엘 자손에게 주는 가나안 땅을 정탐하게 하되 그들의 조상의 가문 각 지파 중에서 지휘관 된 자 한 사람씩 보내라

3 모세가 여호와의 명령을 따라 바란 광야에서 그들을 보냈으니 그들은 다 이스라엘 자손의 수령 된 사람이라

4 그들의 이름은 이러하니라 르우벤 지파에서는 삭굴의 아들 삼무아요 20

5 시므온 지파에서는 호리의 아들 사밧이요

6 유다 지파에서는 여분네의 아들 갈렙이요

7 잇사갈 지파에서는 요셉의 아들 이갈이요

8 에브라임 지파에서는 눈의 아들 호세아요

9 베냐민 지파에서는 라부의 아들 발디요 25

10 스불론 지파에서는 소디의 아들 갓디엘이요

11 요셉 지파 곧 므낫세 지파에서는 수시의 아들 갓디요

12 단 지파에서는 그말리의 아들 암미엘이요

13 아셀 지파에서는 미가엘의 아들 스둘이요

14 납달리 지파에서는 웝시의 아들 나비요

15 갓 지파에서는 마기의 아들 그우엘이니

16 이는 모세가 땅을 정탐하러 보낸 자들의 이름이라 모세가 눈의 아들 호세아를 여호수아라 불렀더라

17 모세가 가나안 땅을 정탐하러 그들을 보내며 이르되 너희는 네겝 길로 행하여 산지로 올라가서

18 그 땅이 어떠한지 정탐하라 곧 그 땅 거민이 강한지 약한지 많은지 적은지와

19 그들이 사는 땅이 좋은지 나쁜지와 사는 성읍이 진영인지 산성인지와

20 토지가 비옥한지 메마른지 나무가 있는지 없는지를 탐지하라 담대하라 또 그 땅의 실과를 가져오라 하니 그 때는 포도가 처음 익을 즈음이었더라

21 이에 그들이 올라가서 땅을 정탐하되 신 광야에서부터 하맛 어귀 르홉에 이르렀고

22 또 네겝으로 올라가서 헤브론에 이르렀으니 헤브론은 애굽 소안보다 칠 년 전에 세운 곳이라 그 곳에 아낙 자손 아히만과 세새와 달매가 있었더라

23 또 에스골 골짜기에 이르러 거기서 포도송이가 달린 가지를 베어 둘이 막대기에 꿰어 메고 또 석류와 무화과를 따니라

24 이스라엘 자손이 거기서 포도를 베었으므로 그 곳을 에스골 골짜기라 불렀더라

25 사십 일 동안 땅을 정탐하기를 마치고 돌아와

26 바란 광야 가데스에 이르러 모세와 아론과 이스라엘 자손의 온 회중에게 나아와 그들에게 보고하고 그 땅의 과일을 보이고

27 모세에게 말하여 이르되 당신이 우리를 보낸 땅에 간즉 과연 그 땅에 젖과 꿀이 흐르는데 이것은 그 땅의 과일이니이다

28 그러나 그 땅 거주민은 강하고 성읍은 견고하고 심히 클 뿐 아니라 거기서 아낙 자손을 보았으며

29 아말렉인은 남방 땅에 거주하고 헷인과 여부스인과 아모리인은 산지에 거주하고 가나안인은 해변과 요단 가에 거주하더이다

30 갈렙이 모세 앞에서 백성을 조용하게 하고 이르되 우리가 곧 올라가서 그 땅을 취하자 능히 이기리라 하나

31 그와 함께 올라갔던 사람들은 이르되 우리는 능히 올라가서 그 백성을 치지 못하리라 그들은 우리보다 강하니라 하고

32 이스라엘 자손 앞에서 그 정탐한 땅을 악평하여 이르되 우리가 두루 다니며 정탐한 땅은 그 거주민을 삼키는 땅이요 거기서 본 모든 백성은 신장이 장대한 자들이며

33 거기서 네피림 후손인 아낙 자손의 거인들을 보았나니 우리는 스스로 보기에도 메뚜기 같으니 그들이 보기에도 그와 같았을 것이니라

14장 백성의 원망

1 온 회중이 소리를 높여 부르짖으며 백성이 밤새도록 통곡하였더라

2 이스라엘 자손이 다 모세와 아론을 원망하며 온 회중이 그들에게 이르되 우리가 애굽 땅에서 죽었거나 이 광야에서 죽었으면 좋았을 것을

3 어찌하여 여호와가 우리를 그 땅으로 인도하여 칼에 쓰러지게 하려 하는가 우리 처자가 사로잡히리니 애굽으로 돌아가는 것이 낫지 아니하랴

4 이에 서로 말하되 우리가 한 지휘관을 세우고 애굽으로 돌아가자 하매

5 모세와 아론이 이스라엘 자손의 온 회중 앞에서 엎드린지라

6 그 땅을 정탐한 자 중 눈의 아들 여호수아와 여분네의 아들 갈렙이 자기들의 옷을 찢고

7 이스라엘 자손의 온 회중에게 말하여 이르되 우리가 두루 다니며 정탐한 땅은 심히 아름다운 땅이라

8 여호와께서 우리를 기뻐하시면 우리를 그 땅으로 인도하여 들이시고 그 땅을 우리에게 주시리라 이는 과연 젖과 꿀이 흐르는 땅이니라

9 다만 여호와를 거역하지는 말라 또 그 땅 백성을 두려워하지 말라 그들은 우리의 먹이라 그들의 보호자는 그들에게서 떠났고 여호와는 우리와 함께 하시느니라 그들을 두려워하지 말라 하나

10 온 회중이 그들을 돌로 치려 하는데 그 때에 여호와의 영광이 회막에서 이스라엘 모든 자손에게 나타나시니라

모세가 백성을 두고 기도하다

11 여호와께서 모세에게 이르시되 이 백성이 어느 때까지 나를 멸시하겠느냐 내가 그들 중에 많은 이적을 행하였으나 어느 때까지 나를 믿지 않겠느냐

12 내가 전염병으로 그들을 쳐서 멸하고 네게 그들보다 크고 강한 나라를 이루게 하리라

13 모세가 여호와께 여짜오되 애굽인 중에서 주의 능력으로 이 백성을 인도하여 내셨거늘 그리하시면 그들이 듣고

14 이 땅 거주민에게 전하리이다 주 여호와께서 이 백성 중에 계심을 그들도 들었으니 곧 주 여호와께서 대면하여 보이시며 주의 구름이 그들 위에 섰으며 주께서 낮에는 구름 기둥 가운데에서, 밤에는 불 기둥 가운데에서 그들 앞에 행하시는 것이니이다

15 이제 주께서 이 백성을 하나 같이 죽이시면 주의 명성을 들은 여러 나라가 말하여 이르기를

16 여호와가 이 백성에게 주기로 맹세한 땅에 인도할 능력이 없었으므로 광야에서 죽였다 하리이다

17 이제 구하옵나니 이미 말씀하신 대로 주의 큰 권능을 나타내옵소서 이르시기를

18 여호와는 노하기를 더디하시고 인자가 많아 죄악과 허물을 사하시나 형벌 받을 자는 결단코 사하지 아니하시고 아버지의 죄악을 자식에게 갚아 삼사대까지 이르게 하리라 하셨나이다

19 구하옵나니 주의 인자의 광대하심을 따라 이 백성의 죄악을 사하시되 애굽에서부터 지금까지 이 백성을 사하신 것 같이 사하시옵소서

20 여호와께서 이르시되 내가 네 말대로 사하노라

21 그러나 진실로 내가 살아 있는 것과 여호와의 영광이 온 세계에 충만할 것을 두고 맹세하노니

22 내 영광과 애굽과 광야에서 행한 내 이적을 보고서도 이같이 열 번이나 나를 시험하고 내 목소리를 청종하지 아니한 그 사람들은

23 내가 그들의 조상들에게 맹세한 땅을 결단코 보지 못할 것이요 또 나를 멸시하는 사람은 한 사람도 그것을 보지 못하리라

24 그러나 내 종 갈렙은 그 마음이 그들과 달라서 나를 온전히 따랐은즉 그가 갔던 땅으로 내가 그를 인도하여 들이리니 그의 자손이 그 땅을 차지하리라

25 아말렉인과 가나안인이 골짜기에 거주하나니 너희는 내일 돌이켜 홍해 길을 따라 광야로 들어갈지니라

여호와께서 원망하는 백성을 벌하시다

26 여호와께서 모세와 아론에게 말씀하여 이르시되

27 나를 원망하는 이 악한 회중에게 내가 어느 때까지 참으랴 이스라엘 자손이 나를 향하여 원망하는 바 그 원망하는 말을 내가 들었노라

28 그들에게 이르기를 여호와의 말씀에 내 삶을 두고 맹세하노라 너희 말이 내 귀에 들린 대로 내가 너희에게 행하리니

29 너희 시체가 이 광야에 엎드러질 것이라 너희 중에서 이십 세 이상으로서 계수된 자 곧 나를 원망한 자 전부가

30 여분네의 아들 갈렙과 눈의 아들 여호수아 외에는 내가 맹세하여 너희에게 살게 하리라 한 땅에 결단코 들어가지 못하리라

31 너희가 사로잡히겠다고 말하던 너희의 유아들은 내가 인도하여 들이리니 그들은 너희가 싫어하던 땅을 보려니와

32 너희의 시체는 이 광야에 엎드러질 것이요

33 너희의 자녀들은 너희 반역한 죄를 지고 너희의 시체가 광야에서 소멸되기까지 사십 년을 광야에서 방황하는 자가 되리라

34 너희는 그 땅을 정탐한 날 수인 사십 일의 하루를 일 년으로 쳐서 그 사십 년간 너희의 죄악을 담당할지니 너희는 그제서야 내가 싫어하면 어떻게 되는지를 알리라 하셨다 하라

35 나 여호와가 말하였거니와 모여 나를 거역하는 이 악한 온 회중에게 내가 반드시 이같이 행하리니 그들이 이 광야에서 소멸되어 거기서 죽으리라

36 모세의 보냄을 받고 땅을 정탐하고 돌아와서 그 땅을 악평하여 온 회중이 모세를 원망하게 한 사람

37 곧 그 땅에 대하여 악평한 자들은 여호와 앞에서 재앙으로 죽었고

38 그 땅을 정탐하러 갔던 사람들 중에서 오직 눈의 아들 여호수아와 여분네의 아들 갈렙은 생존하니라

첫번째 점령 시도

39 모세가 이 말로 이스라엘 모든 자손에게 알리매 백성이 크게 슬퍼하여

40 아침에 일찍이 일어나 산 꼭대기로 올라가며 이르되 보소서 우리가 여기 있나이다 우리가 여호와께서 허락하신 곳으로 올라가리니 우리가 범죄하였음이니이다

41 모세가 이르되 너희가 어찌하여 이제 여호와의 명령을 범하느냐 이 일이 형통하지 못하리라

42 여호와께서 너희 중에 계시지 아니하니 올라가지 말라 너희의 대적 앞에서 패할까 하노라

43 아말렉인과 가나안인이 너희 앞에 있으니 너희가 그 칼에 망하리라 너희가 여호와를 배반하였으니 여호와께서 너희와 함께 하지 아니하시리라 하나

44 그들이 그래도 산 꼭대기로 올라갔고 여호와의 언약궤와 모세는 진영을 떠나지 아니하였더라

45 아말렉인과 산간지대에 거주하는 가나안인이 내려와 그들을 무찌르고 호르마까지 이르렀더라

15장 여호와께 드리는 제물

1 여호와께서 모세에게 말씀하여 이르시되

5

2 이스라엘 자손에게 말하여 그들에게 이르라 너희는 내가 주어 살게 할 땅에 들어가서

3 여호와께 화제나 번제나 서원을 갚는 제사나 낙헌제나 정한 절기제에 소나 양을 여호와께 향기롭게 드릴 때에

4 그러한 헌물을 드리는 자는 고운 가루 십분의 일에 기름 사분의 일 힌을 섞어 여호와께 소제로 드릴 것이며

10

5 번제나 다른 제사로 드리는 제물이 어린 양이면 전제로 포도주 사분의 일 힌을 준비할 것이요

6 숫양이면 소제로 고운 가루 십분의 이에 기름 삼분의 일 힌을 섞어 준비하고

15

7 전제로 포노주 삼분의 일 힌을 드려 여호와 앞에 향기롭게 할 것이요

8 번제로나 서원을 갚는 제사로나 화목제로 수송아지를 예비하여 여호와께 드릴 때에는

9 소제로 고운 가루 십분의 삼 에바에 기름 반 힌을 섞어 그 수송아지와 함께 드리고

20

10 전제로 포도주 반 힌을 드려 여호와 앞에 향기로운 화제를 삼을지니라

11 수송아지나 숫양이나 어린 숫양이나 어린 염소에는 그 마리 수마다 위와 같이 행하되

12 너희가 준비하는 수효를 따라 각기 수효에 맞게 하라

13 누구든지 본토 소생이 여호와께 향기로운 화제를 드릴 때에는 이 법대로 할 것이요

25

14 너희 중에 거류하는 타국인이나 너희 중에 대대로 있는 자나 누구든지 여호와께 향기로운 화제를 드릴 때에는 너희가 하는 대로 그도 그리할 것이라

15 회중 곧 너희에게나 거류하는 타국인에게나 같은 율례이니 너희의 대대로 영원한 율례라 너희가 어떠한 대로 타국인도 여호와 앞에 그러하리라

16 너희에게나 너희 중에 거류하는 타국인에게나 같은 법도, 같은 규례이니라

17 여호와께서 모세에게 말씀하여 이르시되

18 이스라엘 자손에게 말하여 이르라 너희는 내가 인도하는 땅에 들어가거든

19 그 땅의 양식을 먹을 때에 여호와께 거제를 드리되

20 너희의 처음 익은 곡식 가루 떡을 거제로 타작 마당의 거제 같이 들어드리라

21 너희의 처음 익은 곡식 가루 떡을 대대에 여호와께 거제로 드릴지니라

22 너희가 그릇 범죄하여 여호와가 모세에게 말씀하신 이 모든 명령을 지키지 못하되

23 곧 여호와께서 모세를 통하여 너희에게 명령한 모든 것을 여호와께서 명령한 날 이후부터 너희 대대에 지키지 못하여

24 회중이 부지중에 범죄하였거든 온 회중은 수송아지 한 마리를 여호와께 향기로운 화제로 드리고 규례대로 소제와 전제를 드리고 숫염소 한 마리를 속죄제로 드릴 것이라

25 제사장이 이스라엘 자손의 온 회중을 위하여 속죄하면 그들이 사함을 받으리니 이는 그가 부지중에 범죄함이며 또 부지중에 범죄함으로 말미암아 헌물 곧 화제와 속죄제를 여호와께 드렸음이라

26 이스라엘 자손의 온 회중과 그들 중에 거류하는 타국인도 사함을 받을 것은 온 백성이 부지중에 범죄하였음이니라

27 만일 한 사람이 부지중에 범죄하면 일 년 된 암염소로 속죄제를 드릴 것이요

28 제사장은 그 부지중에 범죄한 사람이 부지중에 여호와 앞에 범한 죄를 위하여 속죄하여 그 죄를 속할지니 그리하면 사함을 얻으리라

29 이스라엘 자손 중 본토 소생이든지 그들 중에 거류하는 타국인이든지 누구든 부지중에 범죄한 자에 대한 법이 동일하거니와

30 본토인이든지 타국인이든지 고의로 무엇을 범하면 누구나 여호와를 비방하는 자니 그의 백성 중에서 끊어질 것이라

31 그런 사람은 여호와의 말씀을 멸시하고 그의 명령을 파괴하였은즉 그의 죄악이 자기에게로 돌아가서 온전히 끊어지리라

안식일에 일을 한 사람

32 이스라엘 자손이 광야에 거류할 때에 안식일에 어떤 사람이 나무하는 것을 발견한지라

33 그 나무하는 자를 발견한 자들이 그를 모세와 아론과 온 회중 앞으로 끌어왔으나

34 어떻게 처치할는지 지시하심을 받지 못한 고로 가두었더니

35 여호와께서 모세에게 이르시되 그 사람을 반드시 죽일지니 온 회중이 진영 밖에서 돌로 그를 칠지니라

36 온 회중이 곧 그를 진영 밖으로 끌어내고 돌로 그를 쳐죽여서 여호와께서 모세에게 명령하신 대로 하니라

옷단 귀에 다는 술

37 여호와께서 모세에게 말씀하여 이르시되

38 이스라엘 자손에게 명령하여 대대로 그들의 옷단 귀에 술을 만들고 청색 끈을 그 귀의 술에 더하라

39 이 술은 너희가 보고 여호와의 모든 계명을 기억하여 준행하고 너희를 방종하게 하는 자신의 마음과 눈의 욕심을 따라 음행하지 않게 하기 위함이라

40 그리하여 너희가 내 모든 계명을 기억하고 행하면 너희의 하나님 앞에 거룩하리라

41 나는 여호와 너희 하나님이라 나는 너희의 하나님이 되려고 너희를 애굽 땅에서 인도해 내었느니라 나는 여호와 너희의 하나님이니라

16장 고라와 다단과 아비람의 반역

1 레위의 증손 고핫의 손자 이스할의 아들 고라와 르우벤 자손 엘리압의 아들 다단과 아비람과 벨렛의 아들 온이 당을 짓고

2 이스라엘 자손 총회에서 택함을 받은 자 곧 회중 가운데에서 이름 있는 지휘관 이백오십 명과 함께 일어나서 모세를 거스르니라

3 그들이 모여서 모세와 아론을 거슬러 그들에게 이르되 너희가 분수에 지나도다 회중이 다 각각 거룩하고 여호와께서도 그들 중에 계시거늘 너희가 어찌하여 여호와의 총회 위에 스스로 높이느냐

4 모세가 듣고 엎드렸다가

5 고라와 그의 모든 무리에게 말하여 이르되 아침에 여호와께서 자기에게 속한 자가 누구인지, 거룩한 자가 누구인지 보이시고 그 사람을 자기에게 가까이 나아오게 하시되 곧 그가 택하신 자를 자기에게 가까이 나아오게 하시리니

6 이렇게 하라 너 고라와 네 모든 무리는 향로를 가져다가

7 내일 여호와 앞에서 그 향로에 불을 담고 그 위에 향을 두라 그 때에 여호와께서 택하신 자는 거룩하게 되리라 레위 자손들아 너희가 너무 분수에 지나치느니라

8 모세가 또 고라에게 이르되 너희 레위 자손들아 들으라

9 이스라엘의 하나님이 이스라엘 회중에서 너희를 구별하여 자기에게 가까이 하게 하사 여호와의 성막에서 봉사하게 하시며 회중 앞에 서서 그들을 대신하여 섬기게 하심이 너희에게 작은 일이겠느냐

10 하나님이 너와 네 모든 형제 레위 자손으로 너와 함께 가까이 오게 하셨거늘 너희가 오히려 제사장의 직분을 구하느냐

11 이를 위하여 너와 너의 무리가 다 모여서 여호와를 거스르는도다 아론이 어떠한 사람이기에 너희가 그를 원망하느냐

12 모세가 엘리압의 아들 다단과 아비람을 부르러 사람을 보냈더니 그들이 이르되 우리는 올라가지 않겠노라

13 네가 우리를 젖과 꿀이 흐르는 땅에서 이끌어 내어 광야에서 죽이려 함이 어찌 작은 일이기에 오히려 스스로 우리 위에 왕이 되려 하느냐

14 이뿐 아니라 네가 우리를 젖과 꿀이 흐르는 땅으로 인도하여 들이지도 아니하고 밭도 포도원도 우리에게 기업으로 주지 아니하니 네가 이 사람들의 눈을 빼려느냐 우리는 올라가지 아니하겠노라

15 모세가 심히 노하여 여호와께 여짜오되 주는 그들의 헌물을 돌아보지 마옵소서 나는 그들의 나귀 한 마리도 빼앗지 아니하였고 그들 중의 한 사람도 해하지 아니하였나이다 하고

16 이에 모세가 고라에게 이르되 너와 너의 온 무리는 아론과 함께 내일 여호와 앞으로 나아오되

17 너희는 제각기 향로를 들고 그 위에 향을 얹고 각 사람이 그 향로를 여호와 앞으로 가져오라 향로는 모두 이백오십 개라 너와 아론도 각각 향로를 가지고 올지니라

18 그들이 제각기 향로를 가져다가 불을 담고 향을 그 위에 얹고 모세와 아론과 더불어 회막 문에 서니라

19 고라가 온 회중을 회막 문에 모아 놓고 그 두 사람을 대적하려 하매 여호와의 영광이 온 회중에게 나타나시니라

20 여호와께서 모세와 아론에게 말씀하여 이르시되

21 너희는 이 회중에게서 떠나라 내가 순식간에 그들을 멸하려 하노라

22 그 두 사람이 엎드려 이르되 하나님이여 모든 육체의 생명의 하나님이여 한 사람이 범죄하였거늘 온 회중에게 진노하시나이까

23 여호와께서 모세에게 말씀하여 이르시되

24 회중에게 명령하여 이르기를 너희는 고라와 다단과 아비람의 장막 사방에서 떠나라 하라

25 모세가 일어나 다단과 아비람에게로 가니 이스라엘 장로들이 따랐더라

26 모세가 회중에게 말하여 이르되 이 악인들의 장막에서 떠나고 그들의 물건은 아무 것도 만지지 말라 그들의 모든 죄중에서 너희도 멸망할까 두려워하노라 하매

27 무리가 고라와 다단과 아비람의 장막 사방을 떠나고 다단과 아비람은 그들의 처자와 유아들과 함께 나와서 자기 장막 문에 선지라

5

28 모세가 이르되 여호와께서 나를 보내사 이 모든 일을 행하게 하신 것이요 나의 임의로 함이 아닌 줄을 이 일로 말미암아 알리라

29 곧 이 사람들의 죽음이 모든 사람과 같고 그들이 당하는 벌이 모든 사람이 당하는 벌과 같으면 여호와께서 나를 보내심이 아니거니와

10

30 만일 여호와께서 새 일을 행하사 땅이 입을 열어 이 사람들과 그들의 모든 소유물을 삼켜 산 채로 스올에 빠지게 하시면 이 사람들이 과연 여호와를 멸시한 것인 줄을 너희가 알리라

31 그가 이 모든 말을 마치자마자 그들이 섰던 땅바닥이 갈라지니라

32 땅이 그 입을 열어 그들과 그들의 집과 고라에게 속한 모든 사람과 그들의 재물을 삼키매

15

33 그들과 그의 모든 재물이 산 채로 스올에 빠지며 땅이 그 위에 덮이니 그들이 회중 가운데서 망하니라

34 그 주위에 있는 온 이스라엘이 그들의 부르짖음을 듣고 도망하며 이르되 땅이 우리도 삼킬까 두렵다 하였고

20

35 여호와께로부터 불이 나와서 분향하는 이백오십 명을 불살랐더라

향로

36 여호와께서 모세에게 말씀하여 이르시되

37 너는 제사장 아론의 아들 엘르아살에게 명령하여 붙는 불 가운데에서 향로를 가져다가 그 불을 다른 곳에 쏟으라 그 향로는 거룩함이니라

25

38 사람들은 범죄하여 그들의 생명을 스스로 해하였거니와 그들이 향로를 여호와 앞에 드렸으므로 그 향로가 거룩하게 되었나니 그 향로를 쳐서 제단을 싸는 철판을 만들라 이스라엘 자손에게 표가 되리라 하신지라

39 제사장 엘르아살이 불탄 자들이 드렸던 놋 향로를 가져다가 쳐서 제단을 싸서

5

40 이스라엘 자손의 기념물이 되게 하였으니 이는 아론 자손이 아닌 다른 사람은 여호와 앞에 분향하러 가까이 오지 못하게 함이며 또 고라와 그의 무리와 같이 되지 않게 하기 위함이라 여호와께서 모세를 시켜 그에게 명령하신 대로 하였더라

10

아론이 백성을 구하다

41 이튿날 이스라엘 자손의 온 회중이 모세와 아론을 원망하여 이르되 너희가 여호와의 백성을 죽였도다 하고

42 회중이 모여 모세와 아론을 칠 때에 회막을 바라본즉 구름이 회막을 덮었고 여호와의 영광이 나타났더라

15

43 모세와 아론이 회막 앞에 이르매

44 여호와께서 모세에게 말씀하여 이르시되

45 너희는 이 회중에게서 떠나라 내가 순식간에 그들을 멸하려 하노라 하시매 그 두 사람이 엎드리니라

46 이에 모세가 아론에게 이르되 너는 향로를 가져다가 제단의 불을 그것에 담고 그 위에 향을 피워 가지고 급히 회중에게로 가서 그들을 위하여 속죄하라 여호와께서 진노하셨으므로 염병이 시작되었음이니라

20

47 아론이 모세의 명령을 따라 향로를 가지고 회중에게로 달려간즉 백성 중에 염병이 시작되었는지라 이에 백성을 위하여 속죄하고

48 죽은 자와 산 자 사이에 섰을 때에 염병이 그치니라

25

49 고라의 일로 죽은 자 외에 염병에 죽은 자가 만 사천칠백 명이었더라

50 염병이 그치매 아론이 회막 문 모세에게로 돌아오니라

17장

아론의 지팡이

1 여호와께서 모세에게 말씀하여 이르시되

2 너는 이스라엘 자손에게 말하여 그들 중에서 각 조상의 가문을 따라 지팡이 하나씩을 취하되 곧 그들의 조상의 가문대로 그 모든 지휘관에게서 지팡이 열둘을 취하고 그 사람들의 이름을 각각 그 지팡이에 쓰되

3 레위의 지팡이에는 아론의 이름을 쓰라 이는 그들의 조상의 가문의 각 수령이 지팡이 하나씩 있어야 할 것임이니라

4 그 지팡이를 회막 안에서 내가 너희와 만나는 곳인 증거궤 앞에 두라

5 내가 택한 자의 지팡이에는 싹이 나리니 이것으로 이스라엘 자손이 너희에게 대하여 원망하는 말을 내 앞에서 그치게 하리라

6 모세가 이스라엘 자손에게 말하매 그들의 지휘관들이 각 지파대로 지팡이 하나씩을 그에게 주었으니 그 지팡이가 모두 열둘이라 그 중에 아론의 지팡이가 있었더라

7 모세가 그 지팡이들을 증거의 장막 안 여호와 앞에 두었더라

8 이튿날 모세가 증거의 장막에 들어가 본즉 레위 집을 위하여 낸 아론의 지팡이에 움이 돋고 순이 나고 꽃이 피어서 살구 열매가 열렸더라

9 모세가 그 지팡이 전부를 여호와 앞에서 이스라엘 모든 자손에게로 가져오매 그들이 보고 각각 자기 지팡이를 집어들었더라

10 여호와께서 또 모세에게 이르시되 아론의 지팡이는 증거궤 앞으로 도로 가져다가 거기 간직하여 반역한 자에 대한 표징이 되게 하여 그들로 내게 대한 원망을 그치고 죽지 않게 할지니라

11 모세가 곧 그 같이 하되 여호와께서 자기에게 명령하신 대로 하였더라

12 이스라엘 자손이 모세에게 말하여 이르되 보소서 우리는 죽게 되었나이다 망하게 되었나이다 다 망하게 되었나이다

13 가까이 나아가는 자 곧 여호와의 성막에 가까이 나아가는 자마다 다 죽사오니 우리가 다 망하여야 하리이까

18장

제사장과 레위인의 직무

1 여호와께서 아론에게 이르시되 너와 네 아들들과 네 조상의 가문은 성소에 대한 죄를 함께 담당할 것이요 너와 네 아들들은 너희의 제사장 직분에 대한 죄를 함께 담당할 것이니라

2 너는 네 형제 레위 지파 곧 네 조상의 지파를 데려다가 너와 함께 있게 하여 너와 네 아들들이 증거의 장막 앞에 있을 때 그들이 너를 돕게 하라

3 레위인은 네 직무와 장막의 모든 직무를 지키려니와 성소의 기구와 제단에는 가까이 하지 못하리니 두렵건대 그들과 너희가 죽을까 하노라

4 레위인은 너와 합동하여 장막의 모든 일과 회막의 직무를 다할 것이요 다른 사람은 너희에게 가까이 하지 못할 것이니라

5 이와 같이 너희는 성소의 직무와 제단의 직무를 다하라 그리하면 여호와의 진노가 다시는 이스라엘 자손에게 미치지 아니하리라

6 보라 내가 이스라엘 자손 중에서 너희의 형제 레위인을 택하여 내게 돌리고 너희에게 선물로 주어 회막의 일을 하게 하였나니

7 너와 네 아들들은 제단과 휘장 안의 모든 일에 대하여 제사장의 직분을 지켜 섬기라 내가 제사장의 직분을 너희에게 선물로 주었은즉 거기 가까이 하는 외인은 죽임을 당할지니라

제사장의 몫

8 여호와께서 또 아론에게 이르시되 보라 내가 내 거제물 곧 이스라엘 자손이 거룩하게 한 모든 헌물을 네가 주관하게 하고 네가 기름 부음을 받았음으로 말미암아 그것을 너와 네 아들들에게 영구한 몫의 음식으로 주노라

9 지성물 중에 불사르지 아니한 것은 네 것이라 그들이 내게 드리는 모든 헌물의 모든 소제와 속죄제와 속건제물은 다 지극히 거룩한즉 너와 네 아들들에게 돌리리니

10 지극히 거룩하게 여김으로 먹으라 이는 네게 성물인즉 남자들이 다 먹을지니라

11 네게 돌릴 것은 이것이니 곧 이스라엘 자손이 드리는 거제물과 모든 요제물이라 내가 그것을 너와 네 자녀에게 영구한 몫의 음식으로 주었은즉 네 집의 정결한 자마다 먹을 것이니라

12 그들이 여호와께 드리는 첫 소산 곧 제일 좋은 기름과 제일 좋은 포도주와 곡식을 네게 주었은즉

13 그들이 여호와께 드리는 그 땅의 처음 익은 모든 열매는 네 것이니 네 집에서 정결한 자마다 먹을 것이라

14 이스라엘 중에서 특별히 드린 모든 것은 네 것이 되리라

15 여호와께 드리는 모든 생물의 처음 나는 것은 사람이나 짐승이나 다 네 것이로되 처음 태어난 사람은 반드시 대속할 것이요 처음 태어난 부정한 짐승도 대속할 것이며

16 그 사람을 대속할 때에는 난 지 한 달 이후에 네가 정한 대로 성소의 세겔을 따라 은 다섯 세겔로 대속하라 한 세겔은 이십 게라이니라

17 오직 처음 태어난 소나 처음 태어난 양이나 처음 태어난 염소는 대속하지 말지니 그것들은 거룩한즉 그 피는 제단에 뿌리고 그 기름은 불살라 여호와께 향기로운 화제로 드릴 것이며

18 그 고기는 네게 돌릴지니 흔든 가슴과 오른쪽 넓적다리 같이 네게 돌릴 것이니라

19 이스라엘 자손이 여호와께 거제로 드리는 모든 성물은 내가 영구한 몫의 음식으로 너와 네 자녀에게 주노니 이는 여호와 앞에 너와 네 후손에게 영원한 소금 언약이니라

20 여호와께서 또 아론에게 이르시되 너는 이스라엘 자손의 땅에 기업도 없겠고 그들 중에 아무 분깃도 없을 것이나 내가 이스라엘 자손 중에 네 분깃이요 네 기업이니라

레위인의 몫

21 내가 이스라엘의 십일조를 레위 자손에게 기업으로 다 주어서 그들이 하는 일 곧 회막에서 하는 일을 갚나니

22 이 후로는 이스라엘 자손이 회막에 가까이 하지 말 것이라 죄값으로 죽을까 하노라

23 그러나 레위인은 회막에서 봉사하며 자기들의 죄를 담당할 것이요 이스라엘 자손 중에는 기업이 없을 것이니 이는 너희 대대에 영원한 율례라

24 이스라엘 자손이 여호와께 거제로 드리는 십일조를 레위인에게 기업으로 주었으므로 내가 그들에 대하여 말하기를 이스라엘 자손 중에 기업이 없을 것이라 하였노라

레위인의 십일조

25 여호와께서 모세에게 말씀하여 이르시되

26 너는 레위인에게 말하여 그에게 이르라 내가 이스라엘 자손에게 받아 너희에게 기업으로 준 십일조를 너희가 그들에게서 받을 때에 그 십일조의 십일조를 거제로 여호와께 드릴 것이라

27 내가 너희의 거제물을 타작 마당에서 드리는 곡물과 포도즙 틀에서 드리는 즙 같이 여기리니

28 너희는 이스라엘 자손에게서 받는 모든 것의 십일조 중에서 여호와께 거제로 드리고 여호와께 드린 그 거제물은 제사장 아론에게로 돌리되

29 너희가 받은 모든 헌물 중에서 너희는 그 아름다운 것 곧 거룩하게 한 부분을 가져다가 여호와께 거제로 드릴지니라

30 이러므로 너는 그들에게 이르라 너희가 그 중에서 아름다운 것을 가져다가 드리고 남은 것은 너희 레위인에게는 타작 마당의 소출과 포도즙 틀의 소출 같이 되리니

31 너희와 너희의 권속이 어디서든지 이것을 먹을 수 있음은 이는 회막에서 일한 너희의 보수임이니라

32 너희가 그 중 아름다운 것을 받들어 드린즉 이로 말미암아 죄를 담당하지 아니할 것이라 너희는 이스라엘 자손의 성물을 더럽히지 말라 그리하여야 죽지 아니하리라

19장

붉은 암송아지의 재

1 여호와께서 모세와 아론에게 말씀하여 이르시되

2 여호와께서 명령하시는 법의 율례를 이제 이르노니 이스라엘 자손에게 일러서 온전하여 흠이 없고 아직 멍에 메지 아니한 붉은 암송아지를 네게로 끌어오게 하고 ⁵

3 너는 그것을 제사장 엘르아살에게 줄 것이요 그는 그것을 진영 밖으로 끌어내어서 자기 목전에서 잡게 할 것이며

4 제사장 엘르아살은 손가락에 그 피를 찍고 그 피를 회막 앞을 향하여 일곱 번 뿌리고

5 그 암소를 자기 목전에서 불사르게 하되 그 가죽과 고기와 피와 똥을 불사르게 하고 ¹⁰

6 동시에 제사장은 백향목과 우슬초와 홍색 실을 가져다가 암송아지를 사르는 불 가운데에 던질 것이며

7 제사장은 자기의 옷을 빨고 물로 몸을 씻은 후에 진영에 들어갈 것이라 그는 저녁까지 부정하리라 ¹⁵

8 송아지를 불사른 자도 자기의 옷을 물로 빨고 물로 그 몸을 씻을 것이라 그도 저녁까지 부정하리라

9 이에 정결한 자가 암송아지의 재를 거두어 진영 밖 정한 곳에 둘지니 이것은 이스라엘 자손 회중을 위하여 간직하였다가 부정을 씻는 물을 위해 간직할지니 그것은 속죄제니라 ²⁰

10 암송아지의 재를 거둔 자도 자기의 옷을 빨 것이며 저녁까지 부정하리라 이는 이스라엘 자손과 그중에 거류하는 외인에게 영원한 율례니라

시체를 만진 자

11 사람의 시체를 만진 자는 이레 동안 부정하리니 ²⁵

12 그는 셋째 날과 일곱째 날에 잿물로 자신을 정결하게 할 것이라 그리하면 정하려니와 셋째 날과 일곱째 날에 자신을 정결하게 하지 아니하면 그냥 부정하니

13 누구든지 죽은 사람의 시체를 만지고 자신을 정결하게 하지 아니하는 자는 여호와의 성막을 더럽힘이라 그가 이스라엘에서 끊어질 것은 정결하게 하는 물을 그에게 뿌리지 아니하므로 깨끗하게 되지 못하고 그 부정함이 그대로 있음이니라

14 장막에서 사람이 죽을 때의 법은 이러하니 누구든지 그 장막에 들어가는 자와 그 장막에 있는 자가 이레 동안 부정할 것이며

15 뚜껑을 열어 놓고 덮지 아니한 그릇은 모두 부정하니라

16 누구든지 들에서 칼에 죽은 자나 시체나 사람의 뼈나 무덤을 만졌으면 이레 동안 부정하리니

17 그 부정한 자를 위하여 죄를 깨끗하게 하려고 불사른 재를 가져다가 흐르는 물과 함께 그릇에 담고

18 정결한 자가 우슬초를 가져다가 그 물을 찍어 장막과 그 모든 기구와 거기 있는 사람들에게 뿌리고 또 뼈나 죽임을 당한 자나 시체나 무덤을 만진 자에게 뿌리되

19 그 정결한 자가 셋째 날과 일곱째 날에 그 부정한 자에게 뿌려서 일곱째 날에 그를 정결하게 할 것이며 그는 자기 옷을 빨고 물로 몸을 씻을 것이라 저녁이면 정결하리라

20 사람이 부정하고도 자신을 정결하게 하지 아니하면 여호와의 성소를 더럽힘이니 그러므로 회중 가운데에서 끊어질 것이니라 그는 정결하게 하는 물로 뿌림을 받지 아니하였은즉 부정하니라

21 이는 그들의 영구한 율례니라 정결하게 하는 물을 뿌린 자는 자기의 옷을 빨 것이며 정결하게 하는 물을 만지는 자는 저녁까지 부정할 것이며

22 부정한 자가 만진 것은 무엇이든지 부정할 것이며 그것을 만지는 자도 저녁까지 부정하리라

20장 가데스의 다툼과 므리바 물

1 첫째 달에 이스라엘 자손 곧 온 회중이 신 광야에 이르러 백성이 가데스에 머물더니 미리암이 거기서 죽으매 거기에 장사되니라

2 회중이 물이 없으므로 모세와 아론에게로 모여드니라

3 백성이 모세와 다투어 말하여 이르되 우리 형제들이 여호와 앞에서 죽을 때에 우리도 죽었더라면 좋을 뻔하였도다

4 너희가 어찌하여 여호와의 회중을 이 광야로 인도하여 우리와 우리 짐승이 다 여기서 죽게 하느냐

5 너희가 어찌하여 우리를 애굽에서 나오게 하여 이 나쁜 곳으로 인도하였느냐 이 곳에는 파종할 곳이 없고 무화과도 없고 포도도 없고 석류도 없고 마실 물도 없도다

6 모세와 아론이 회중 앞을 떠나 회막 문에 이르러 엎드리매 여호와의 영광이 그들에게 나타나며

7 여호와께서 모세에게 말씀하여 이르시되

8 지팡이를 가지고 네 형 아론과 함께 회중을 모으고 그들의 목전에서 너희는 반석에게 명령하여 물을 내라 하라 네가 그 반석이 물을 내게 하여 회중과 그들의 짐승에게 마시게 할지니라

9 모세가 그 명령대로 여호와 앞에서 지팡이를 잡으니라

10 모세와 아론이 회중을 그 반석 앞에 모으고 모세가 그들에게 이르되 반역한 너희여 들으라 우리가 너희를 위하여 이 반석에서 물을 내랴 하고

11 모세가 그의 손을 들어 그의 지팡이로 반석을 두 번 치니 물이 많이 솟아나오므로 회중과 그들의 짐승이 마시니라

12 여호와께서 모세와 아론에게 이르시되 너희가 나를 믿지 아니하고 이스라엘 자손의 목전에서 내 거룩함을 나타내지 아니한 고로 너희는 이 회중을 내가 그들에게 준 땅으로 인도하여 들이지 못하리라 하시니라

13 이스라엘 자손이 여호와와 다투었으므로 이를 므리바 물이라 하니라 여호와께서 그들 중에서 그 거룩함을 나타내셨더라

에돔이 이스라엘이 지나감을 거절하다

14 모세가 가데스에서 에돔 왕에게 사신을 보내며 이르되 당신의 형제 이스라엘의 말에 우리가 당한 모든 고난을 당신도 아시거니와

15 우리 조상들이 애굽으로 내려갔으므로 우리가 애굽에 오래 거주하였더니 애굽인이 우리 조상들과 우리를 학대하였으므로

16 우리가 여호와께 부르짖었더니 우리 소리를 들으시고 천사를 보내사 우리를 애굽에서 인도하여 내셨나이다 이제 우리가 당신의 변방 모퉁이 한 성읍 가데스에 있사오니

17 청하건대 우리에게 당신의 땅을 지나가게 하소서 우리가 밭으로나 포도원으로 지나가지 아니하고 우물물도 마시지 아니하고 왕의 큰길로만 지나가고 당신의 지경에서 나가기까지 왼쪽으로나 오른쪽으로나 치우치지 아니하리이다 한다고 하라 하였더니

18 에돔 왕이 대답하되 너는 우리 가운데로 지나가지 못하리라 내가 칼을 들고 나아가 너를 대적할까 하노라

19 이스라엘 자손이 이르되 우리가 큰길로만 지나가겠고 우리나 우리 짐승이 당신의 물을 마시면 그 값을 낼 것이라 우리가 도보로 지나갈 뿐인즉 아무 일도 없으리이다 하나

20 그는 이르되 너는 지나가지 못하리라 하고 에돔 왕이 많은 백성을 거느리고 나와서 강한 손으로 막으니

21 에돔 왕이 이같이 이스라엘이 그의 영토로 지나감을 용납하지 아니하므로 이스라엘이 그들에게서 돌이키니라

아론의 죽음

22 이스라엘 자손 곧 온 회중이 가데스를 떠나 호르 산에 이르렀더니

23 여호와께서 에돔 땅 변경 호르 산에서 모세와 아론에게 말씀하시니라 이르시되

24 아론은 그 조상들에게로 돌아가고 내가 이스라엘 자손에게 준 땅에는 들어가지 못하리니 이는 너희가 므리바 물에서 내 말을 거역한 까닭이니라

25 너는 아론과 그의 아들 엘르아살을 데리고 호르 산에 올라

26 아론의 옷을 벗겨 그의 아들 엘르아살에게 입히라 아론은 거기서 죽어 그 조상에게로 돌아가리라

27 모세가 여호와의 명령을 따라 그들과 함께 회중의 목전에서 호르 산에 오르니라

28 모세가 아론의 옷을 벗겨 그의 아들 엘르아살에게 입히매 아론이 그 산 꼭대기에서 죽으니라 모세와 엘르아살이 산에서 내려오니

29 온 회중 곧 이스라엘 온 족속이 아론이 죽은 것을 보고 그를 위하여 삼십 일 동안 애곡하였더라

21장

호르마를 점령하다

1 네겝에 거주하는 가나안 사람 곧 아랏의 왕이 이스라엘이 아다림 길로 온다 함을 듣고 이스라엘을 쳐서 그 중 몇 사람을 사로잡은지라

2 이스라엘이 여호와께 서원하여 이르되 주께서 만일 이 백성을 내 손에 넘기시면 내가 그들의 성읍을 다 멸하리이다

3 여호와께서 이스라엘의 목소리를 들으시고 가나안 사람을 그들의 손에 넘기시매 그들과 그들의 성읍을 다 멸하니라 그러므로 그 곳 이름을 호르마라 하였더라

놋뱀으로 백성을 구하다

4 백성이 호르 산에서 출발하여 홍해 길을 따라 에돔 땅을 우회하려 하였다가 길로 말미암아 백성의 마음이 상하니라

5 백성이 하나님과 모세를 향하여 원망하되 어찌하여 우리를 애굽에서 인도해 내어 이 광야에서 죽게 하는가 이 곳에는 먹을 것도 없고 물도 없도다 우리 마음이 이 하찮은 음식을 싫어하노라 하매

6 여호와께서 불뱀들을 백성 중에 보내어 백성을 물게 하시므로 이스라엘 백성 중에 죽은 자가 많은지라

7 백성이 모세에게 이르러 말하되 우리가 여호와와 당신을 향하여 원망함으로 범죄하였사오니 여호와께 기도하여 이 뱀들을 우리에게서 떠나게 하소서 모세가 백성을 위하여 기도하매

8 여호와께서 모세에게 이르시되 불뱀을 만들어 장대 위에 매달아라 물린 자마다 그것을 보면 살리라

9 모세가 놋뱀을 만들어 장대 위에 다니 뱀에게 물린 자가 놋뱀을 쳐다본즉 모두 살더라

이스라엘 자손이 모압으로 떠나다

10 이스라엘 자손이 그 곳을 떠나 오봇에 진을 쳤고

11 오봇을 떠나 모압 앞쪽 해 돋는 쪽 광야 이예아바림에 진을 쳤고

12 거기를 떠나 세렛 골짜기에 진을 쳤고

13 거기를 떠나 아모리인의 영토에서 흘러 나와서 광야에 이른 아르논 강 건너편에 진을 쳤으니 아르논은 모압과 아모리 사이에서 모압의 경계가 된 곳이라

14 이러므로 여호와의 전쟁기에 일렀으되 수바의 와헙과 아르논 골짜기와

15 모든 골짜기의 비탈은 아르 고을을 향하여 기울어지고 모압의 경계에 닿았도다 하였더라

16 거기서 브엘에 이르니 브엘은 여호와께서 모세에게 명령하시기를 백성을 모으라 내가 그들에게 물을 주리라 하시던 우물이라

17 그 때에 이스라엘이 노래하여 이르되 우물물아 솟아나라 너희는 그것을 노래하라

18 이 우물은 지휘관들이 팠고 백성의 귀인들이 규와 지팡이로 판 것이로다 하였더라 그들은 광야에서 맛다나에 이르렀고

19 맛다나에서 나할리엘에 이르렀고 나할리엘에서 바못에 이르렀고

20 바못에서 모압 들에 있는 골짜기에 이르러 광야가 내려다 보이는 비스가 산 꼭대기에 이르렀더라

요단 동쪽을 점령하다

21 이스라엘이 아모리 왕 시혼에게 사신을 보내어 이르되

22 우리에게 당신의 땅을 지나가게 하소서 우리가 밭에든지 포도원에든지 들어가지 아니하며 우물물도 마시지 아니하고 당신의 지경에서 다 나가기까지 왕의 큰길로만 지나가리이다 하나

23 시혼이 이스라엘이 자기 영토로 지나감을 용납하지 아니하고 그의 백성을 다 모아 이스라엘을 치러 광야로 나와서 야하스에 이르러 이스라엘을 치므로

24 이스라엘이 칼날로 그들을 쳐서 무찌르고 그 땅을 아르논에서부터 얍복까지 점령하여 암몬 자손에게까지 미치니 암몬 자손의 경계는 견고하더라

25 이스라엘이 이같이 그 모든 성읍을 빼앗고 그 아모리인의 모든 성읍 헤스본과 그 모든 촌락에 거주하였으니

26 헤스본은 아모리인의 왕 시혼의 도성이라 시혼이 그 전 모압 왕을 치고 그의 모든 땅을 아르논까지 그의 손에서 빼앗았더라

27 그러므로 시인이 읊어 이르되 너희는 헤스본으로 올지어다 시혼의 성을 세워 견고히 할지어다

28 헤스본에서 불이 나오며 시혼의 성에서 화염이 나와서 모압의 아르를 삼키며 아르논 높은 곳의 주인을 멸하였도다

29 모압아 네가 화를 당하였도다 그모스의 백성아 네가 멸망하였도다 그가 그의 아들들을 도망하게 하였고 그의 딸들을 아모리인의 왕 시혼의 포로가 되게 하였도다

30 우리가 그들을 쏘아서 헤스본을 디본까지 멸하였고 메드바에 가까운 노바까지 황폐하게 하였도다 하였더라

31 이스라엘이 아모리인의 땅에 거주하였더니

32 모세가 또 사람을 보내어 야셀을 정탐하게 하고 그 촌락들을 빼앗고 그곳에 있던 아모리인을 몰아 내었더라

33 그들이 돌이켜 바산 길로 올라가매 바산 왕 옥이 그의 백성을 다 거느리고 나와서 그들을 맞아 에드레이에서 싸우려 하는지라

34 여호와께서 모세에게 이르시되 그를 두려워하지 말라 내가 그와 그의 백성과 그의 땅을 네 손에 넘겼나니 너는 헤스본에 거주하던 아모리인의 왕 시혼에게 행한 것 같이 그에게도 행할지니라

35 이에 그와 그의 아들들과 그의 백성을 다 쳐서 한 사람도 남기지 아니하고 그의 땅을 점령하였더라

22장
모압의 왕이 발람을 불러오다

1 이스라엘 자손이 또 길을 떠나 모압 평지에 진을 쳤으니 요단 건너편 곧 여리고 맞은편이더라

2 십볼의 아들 발락이 이스라엘이 아모리인에게 행한 모든 일을 보았으므로

3 모압이 심히 두려워하였으니 이스라엘 백성이 많음으로 말미암아 모압이 이스라엘 자손 때문에 번민하더라

4 미디안 장로들에게 이르되 이제 이 무리가 소가 밭의 풀을 뜯어먹음 같이 우리 사방에 있는 것을 다 뜯어먹으리로다 하니 그 때에 십볼의 아들 발락이 모압 왕이었더라

5 그가 사신을 브올의 아들 발람의 고향인 강 가 브돌에 보내어 발람을 부르게 하여 이르되 보라 한 민족이 애굽에서 나왔는데 그들이 지면에 덮여서 우리 맞은편에 거주하였고

6 우리보다 강하니 청하건대 와서 나를 위하여 이 백성을 저주하라 내가 혹 그들을 쳐서 이겨 이 땅에서 몰아내리라 그대가 복을 비는 자는 복을 받고 저주하는 자는 저주를 받을 줄을 내가 앎이니라

7 모압 장로들과 미디안 장로들이 손에 복채를 가지고 떠나 발람에게 이르러 발락의 말을 그에게 전하매

8 발람이 그들에게 이르되 이 밤에 여기서 유숙하라 여호와께서 내게 이르시는 대로 너희에게 대답하리라 모압 귀족들이 발람에게서 유숙하니라

9 하나님이 발람에게 임하여 말씀하시되 너와 함께 있는 이 사람들이 누구냐

10 발람이 하나님께 아뢰되 모압 왕 십볼의 아들 발락이 내게 보낸 자들이니이다 이르기를

11 보라 애굽에서 나온 민족이 지면에 덮였으니 이제 와서 나를 위하여 그들을 저주하라 내가 혹 그들을 쳐서 몰아낼 수 있으리라 하나이다

5

12 하나님이 발람에게 이르시되 너는 그들과 함께 가지도 말고 그 백성을 저주하지도 말라 그들은 복을 받은 자들이니라

13 발람이 아침에 일어나서 발락의 귀족들에게 이르되 너희는 너희의 땅으로 돌아가라 여호와께서 내가 너희와 함께 가기를 허락하지 아니하시느니라

10

14 모압 귀족들이 일어나 발락에게로 가서 전하되 발람이 우리와 함께 오기를 거절하더이다

15 발락이 다시 그들보다 더 높은 고관들을 더 많이 보내매

16 그들이 발람에게로 나아가서 그에게 이르되 십볼의 아들 발락의 말씀에 청하건대 아무것에도 거리끼지 말고 내게로 오라

15

17 내가 그대를 높여 크게 존귀하게 하고 그대가 내게 말하는 것은 무엇이든지 시행하리니 청하건대 와서 나를 위하여 이 백성을 저주하라 하시더이다

18 발람이 발락의 신하들에게 대답하여 이르되 발락이 그 집에 가득한 은금을 내게 줄지라도 내가 능히 여호와 내 하나님의 말씀을 어겨 덜하거나 더하지 못하겠노라

20

19 그런즉 이제 너희도 이 밤에 여기서 유숙하라 여호와께서 내게 무슨 말씀을 더하실는지 알아보리라

20 밤에 하나님이 발람에게 임하여 이르시되 그 사람들이 너를 부르러 왔거든 일어나 함께 가라 그러나 내가 네게 이르는 말만 준행할지니라

25

발람과 그 나귀

21 발람이 아침에 일어나서 자기 나귀에 안장을 지우고 모압 고관들과 함께 가니

22 그가 감으로 말미암아 하나님이 진노하시므로 여호와의 사자가 그를 막으려고 길에 서니라 발람은 자기 나귀를 탔고 그의 두 종은 그와 함께 있더니

23 나귀가 여호와의 사자가 칼을 빼어 손에 들고 길에 선 것을 보고 길에서 벗어나 밭으로 들어간지라 발람이 나귀를 길로 돌이키려고 채찍질하니

24 여호와의 사자는 포도원 사이 좁은 길에 섰고 좌우에는 담이 있더라

25 나귀가 여호와의 사자를 보고 몸을 담에 대고 발람의 발을 그 담에 짓누르매 발람이 다시 채찍질하니

26 여호와의 사자가 더 나아가서 좌우로 피할 데 없는 좁은 곳에 선지라

27 나귀가 여호와의 사자를 보고 발람 밑에 엎드리니 발람이 노하여 자기 지팡이로 나귀를 때리는지라

28 여호와께서 나귀 입을 여시니 발람에게 이르되 내가 당신에게 무엇을 하였기에 나를 이같이 세 번을 때리느냐

29 발람이 나귀에게 말하되 네가 나를 거역하기 때문이니 내 손에 칼이 있었더면 곧 너를 죽였으리라

30 나귀가 발람에게 이르되 나는 당신이 오늘까지 당신의 일생 동안 탄 나귀가 아니냐 내가 언제 당신에게 이같이 하는 버릇이 있었더냐 그가 말하되 없었느니라

31 그 때에 여호와께서 발람의 눈을 밝히시매 여호와의 사자가 손에 칼을 빼들고 길에 선 것을 그가 보고 머리를 숙이고 엎드리니

32 여호와의 사자가 그에게 이르되 너는 어찌하여 네 나귀를 이같이 세 번 때렸느냐 보라 내 앞에서 네 길이 사악하므로 내가 너를 막으려고 나왔더니

33 나귀가 나를 보고 이같이 세 번을 돌이켜 내 앞에서 피하였느니라 나귀가 만일 돌이켜 나를 피하지 아니하였더면 내가 벌써 너를 죽이고 나귀는 살렸으리라

34 발람이 여호와의 사자에게 말하되 내가 범죄하였나이다 당신이 나를 막
   으려고 길에 서신 줄을 내가 알지 못하였나이다 당신이 이를 기뻐하지
   아니하시면 나는 돌아가겠나이다
35 여호와의 사자가 발람에게 이르되 그 사람들과 함께 가라 내가 네게 이
   르는 말만 말할지니라 발람이 발락의 고관들과 함께 가니라

발락이 발람을 대접하다

36 발락은 발람이 온다 함을 듣고 모압 변경의 끝 아르논 가에 있는 성읍까
   지 가서 그를 영접하고
37 발락은 발람에게 이르되 내가 특별히 사람을 보내어 그대를 부르지 아
   니하였느냐 그대가 어찌 내게 오지 아니하였느냐 내가 어찌 그대를 높
   여 존귀하게 하지 못하겠느냐
38 발람이 발락에게 이르되 내가 오기는 하였으나 무엇을 말할 능력이 있
   으리이까 하나님이 내 입에 주시는 말씀 그것을 말할 뿐이니이다
39 발람이 발락과 동행하여 기럇후솟에 이르러서는
40 발락이 소와 양을 잡아 발람과 그와 함께 한 고관들을 내접하였더라

발람의 첫번째 예언

41 아침에 발락이 발람과 함께 하고 그를 인도하여 바알의 산당에 오르매
   발람이 거기서 이스라엘 백성의 진 끝까지 보니라

23장

1 발람이 발락에게 이르되 나를 위하여 여기 제단 일곱을 쌓고 거기 수
   송아지 일곱 마리와 숫양 일곱 마리를 준비하소서 하매
2 발락이 발람의 말대로 준비한 후에 발락과 발람이 제단에 수송아지와
   숫양을 드리니라
3 발람이 발락에게 이르되 당신의 번제물 곁에 서소서 나는 저리로 가리
   이다 여호와께서 혹시 오셔서 나를 만나시리니 그가 내게 지시하시는
   것은 다 당신에게 알리이다 하고 언덕길로 가니

4 하나님이 발람에게 임하시는지라 발람이 아뢰되 내가 일곱 제단을 쌓고 각 제단에 수송아지와 숫양을 드렸나이다

5 여호와께서 발람의 입에 말씀을 주시며 이르시되 발락에게 돌아가서 이렇게 말할지니라

6 그가 발락에게로 돌아간즉 발락과 모압의 모든 고관이 번제물 곁에 함께 섰더라

7 발람이 예언을 전하여 말하되 발락이 나를 아람에서, 모압 왕이 동쪽 산에서 데려다가 이르기를 와서 나를 위하여 야곱을 저주하라, 와서 이스라엘을 꾸짖으라 하도다

8 하나님이 저주하지 않으신 자를 내가 어찌 저주하며 여호와께서 꾸짖지 않으신 자를 내가 어찌 꾸짖으랴

9 내가 바위 위에서 그들을 보며 작은 산에서 그들을 바라보니 이 백성은 홀로 살 것이라 그를 여러 민족 중의 하나로 여기지 않으리로다

10 야곱의 티끌을 누가 능히 세며 이스라엘 사분의 일을 누가 능히 셀고 나는 의인의 죽음을 죽기 원하며 나의 종말이 그와 같기를 바라노라 하매

11 발락이 발람에게 이르되 그대가 어찌 내게 이같이 행하느냐 나의 원수를 저주하라고 그대를 데려왔거늘 그대가 오히려 축복하였도다

12 발람이 대답하여 이르되 여호와께서 내 입에 주신 말씀을 내가 어찌 말하지 아니할 수 있으리이까

발람의 두 번째 예언

13 발락이 말하되 나와 함께 그들을 달리 볼 곳으로 가자 거기서는 그들을 다 보지 못하고 그들의 끝만 보리니 거기서 나를 위하여 그들을 저주하라 하고

14 소빔 들로 인도하여 비스가 꼭대기에 이르러 일곱 제단을 쌓고 각 제단에 수송아지와 숫양을 드리니

15 발람이 발락에게 이르되 내가 저기서 여호와를 만나뵐 동안에 여기 당신의 번제물 곁에 서소서 하니라

16 여호와께서 발람에게 임하사 그의 입에 말씀을 주시며 이르시되 발락에게로 돌아가서 이렇게 말할지니라

17 발람이 가서 본즉 발락이 번제물 곁에 섰고 모압 고관들이 함께 있더라 발락이 발람에게 이르되 여호와께서 무슨 말씀을 하시더냐

18 발람이 예언하여 이르기를 발락이여 일어나 들을지어다 십볼의 아들이여 내게 자세히 들으라

19 하나님은 사람이 아니시니 거짓말을 하지 않으시고 인생이 아니시니 후회가 없으시도다 어찌 그 말씀하신 바를 행하지 않으시며 하신 말씀을 실행하지 않으시랴

20 내가 축복할 것을 받았으니 그가 주신 복을 내가 돌이키지 않으리라

21 야곱의 허물을 보지 아니하시며 이스라엘의 반역을 보지 아니하시는도다 여호와 그들의 하나님이 그들과 함께 계시니 왕을 부르는 소리가 그 중에 있도다

22 하나님이 그들을 애굽에서 인도하여 내셨으니 그의 힘이 들소와 같도다

23 야곱을 해할 점술이 없고 이스라엘을 해할 복술이 없도다 이 때에 야곱과 이스라엘에 대하여 논할진대 하나님께서 행하신 일이 어찌 그리 크냐 하리로다

24 이 백성이 암사자 같이 일어나고 수사자 같이 일어나서 움킨 것을 먹으며 죽인 피를 마시기 전에는 눕지 아니하리로다 하매

25 발락이 발람에게 이르되 그들을 저주하지도 말고 축복하지도 말라

26 발람이 발락에게 대답하여 이르되 내가 당신에게 말하여 이르기를 여호와께서 말씀하신 것은 내가 그대로 하지 않을 수 없다고 하지 아니하더이까

발람의 세 번째 예언

27 발락이 발람에게 또 이르되 오라 내가 너를 다른 곳으로 인도하리니 네가 거기서 나를 위하여 그들을 저주하기를 하나님이 혹시 기뻐하시리라 하고

28 발락이 발람을 인도하여 광야가 내려다 보이는 브올 산 꼭대기에 이르니

29 발람이 발락에게 이르되 나를 위하여 여기 일곱 제단을 쌓고 거기 수송 아지 일곱 마리와 숫양 일곱 마리를 준비하소서

30 발락이 발람의 말대로 행하여 각 제단에 수송아지와 숫양을 드리니라

24장

1 발람이 자기가 이스라엘을 축복하는 것을 여호와께서 선히 여기심을 보고 전과 같이 점술을 쓰지 아니하고 그의 낯을 광야로 향하여

2 눈을 들어 이스라엘이 그 지파대로 천막 친 것을 보는데 그 때에 하나님의 영이 그 위에 임하신지라

3 그가 예언을 전하여 말하되 브올의 아들 발람이 말하며 눈을 감았던 자가 말하며

4 하나님의 말씀을 듣는 자, 전능자의 환상을 보는 자, 엎드려서 눈을 뜬 자가 말하기를

5 야곱이여 네 장막들이, 이스라엘이여 네 거처들이 어찌 그리 아름다운고

6 그 벌어짐이 골짜기 같고 강 가의 동산 같으며 여호와께서 심으신 침향 목들 같고 물 가의 백향목들 같도다

7 그 물통에서는 물이 넘치겠고 그 씨는 많은 물 가에 있으리로다 그의 왕이 아각보다 높으니 그의 나라가 흥왕하리로다

8 하나님이 그를 애굽에서 인도하여 내셨으니 그 힘이 들소와 같도다 그의 적국을 삼키고 그들의 뼈를 꺾으며 화살로 쏘아 꿰뚫으리로다

9 꿇어 앉고 누움이 수사자와 같고 암사자와도 같으니 일으킬 자 누구이랴 너를 축복하는 자마다 복을 받을 것이요 너를 저주하는 자마다 저주를 받을지로다

발람의 마지막 예언

10 발락이 발람에게 노하여 손뼉을 치며 말하되 내가 그대를 부른 것은 내 원수를 저주하라는 것이어늘 그대가 이같이 세 번 그들을 축복하였도다

11 그러므로 그대는 이제 그대의 곳으로 달아나라 내가 그대를 높여 심히 존귀하게 하기로 뜻하였더니 여호와께서 그대를 막아 존귀하지 못하게 하셨도다

12 발람이 발락에게 이르되 당신이 내게 보낸 사신들에게 내가 말하여 이르지 아니하였나이까

13 가령 발락이 그 집에 가득한 은금을 내게 줄지라도 나는 여호와의 말씀을 어기고 선악간에 내 마음대로 행하지 못하고 여호와께서 말씀하신 대로 말하리라 하지 아니하였나이까

14 이제 나는 내 백성에게로 돌아가거니와 들으소서 내가 이 백성이 후일에 당신의 백성에게 어떻게 할지를 당신에게 말하리이다 하고

15 예언하여 이르기를 브올의 아들 발람이 말하며 눈을 감았던 자가 말하며

16 하나님의 말씀을 듣는 자가 말하며 지극히 높으신 자의 지식을 아는 자, 전능자의 환상을 보는 자, 엎드려서 눈을 뜬 자가 말하기를

17 내가 그를 보아도 이 때의 일이 아니며 내가 그를 바라보아도 가까운 일이 아니로다 한 별이 야곱에게서 나오며 한 규가 이스라엘에게서 일어나서 모압을 이쪽에서 저쪽까지 쳐서 무찌르고 또 셋의 자식들을 다 멸하리로다

18 그의 원수 에돔은 그들의 유산이 되며 그의 원수 세일도 그들의 유산이 되고 그와 동시에 이스라엘은 용감히 행동하리로다

19 주권자가 야곱에게서 나서 남은 자들을 그 성읍에서 멸절하리로다 하고

20 또 아말렉을 바라보며 예언하여 이르기를 아말렉은 민족들의 으뜸이나 그의 종말은 멸망에 이르리로다 하고

21 또 겐 족속을 바라보며 예언하여 이르기를 네 거처가 견고하고 네 보금자리는 바위에 있도다

22 그러나 가인이 쇠약하리니 나중에는 앗수르의 포로가 되리로다 하고

23 또 예언하여 이르기를 슬프다 하나님이 이 일을 행하시리니 그 때에 살 자가 누구이랴

24 깃딤 해변에서 배들이 와서 앗수르를 학대하며 에벨을 괴롭힐 것이나 그도 멸망하리로다 하고

25 발람이 일어나 자기 곳으로 돌아가고 발락도 자기 길로 갔더라

25장 브올에서 생긴 일

1 이스라엘이 싯딤에 머물러 있더니 그 백성이 모압 여자들과 음행하기를 시작하니라

2 그 여자들이 자기 신들에게 제사할 때에 이스라엘 백성을 청하매 백성이 먹고 그들의 신들에게 절하므로

3 이스라엘이 바알브올에게 가담한지라 여호와께서 이스라엘에게 진노하시니라

4 여호와께서 모세에게 이르시되 백성의 수령들을 잡아 태양을 향하여 여호와 앞에 목매어 달라 그리하면 여호와의 진노가 이스라엘에게서 떠나리라

5 모세가 이스라엘 재판관들에게 이르되 너희는 각각 바알브올에게 가담한 사람들을 죽이라 하니라

6 이스라엘 자손의 온 회중이 회막 문에서 울 때에 이스라엘 자손 한 사람이 모세와 온 회중의 눈앞에 미디안의 한 여인을 데리고 그의 형제에게로 온지라

7 제사장 아론의 손자 엘르아살의 아들 비느하스가 보고 회중 가운데에서 일어나 손에 창을 들고

8 그 이스라엘 남자를 따라 그의 막사에 들어가 이스라엘 남자와 그 여인의 배를 꿰뚫어서 두 사람을 죽이니 염병이 이스라엘 자손에게서 그쳤더라

9 그 염병으로 죽은 자가 이만 사천 명이었더라

10 여호와께서 모세에게 말씀하여 이르시되

11 제사장 아론의 손자 엘르아살의 아들 비느하스가 내 질투심으로 질투하여 이스라엘 자손 중에서 내 노를 돌이켜서 내 질투심으로 그들을 소멸하지 않게 하였도다

12 그러므로 말하라 내가 그에게 내 평화의 언약을 주리니

13 그와 그의 후손에게 영원한 제사장 직분의 언약이라 그가 그의 하나님을 위하여 질투하여 이스라엘 자손을 속죄하였음이니라

14 죽임을 당한 이스라엘 남자 곧 미디안 여인과 함께 죽임을 당한 자의 이름은 시므리니 살루의 아들이요 시므온인의 조상의 가문 중 한 지도자이며

15 죽임을 당한 미디안 여인의 이름은 고스비이니 수르의 딸이라 수르는 미디안 백성의 한 조상의 가문의 수령이었더라

16 여호와께서 모세에게 말씀하여 이르시되

17 미디안인들을 대적하여 그들을 치라

18 이는 그들이 속임수로 너희를 대적하되 브올의 일과 미디안 지휘관의 딸 곧 브올의 일로 염병이 일어난 날에 죽임을 당한 그들의 자매 고스비의 사건으로 너희를 유혹하였음이니라

26장 두 번째 인구 조사

1 염병 후에 여호와께서 모세와 제사장 아론의 아들 엘르아살에게 말씀하여 이르시되

2 이스라엘 자손의 온 회중의 총수를 그들의 조상의 가문을 따라 조사하되 이스라엘 중에 이십 세 이상으로 능히 전쟁에 나갈 만한 모든 자를 계수하라 하시니

3 모세와 제사장 엘르아살이 여리고 맞은편 요단 가 모압 평지에서 그들에게 전하여 이르되

4 여호와께서 애굽 땅에서 나온 모세와 이스라엘 자손에게 명령하신 대로 너희는 이십 세 이상 된 자를 계수하라 하니라

5 이스라엘의 장자는 르우벤이라 르우벤 자손은 하녹에게서 난 하녹 종족과 발루에게서 난 발루 종족과

6 헤스론에게서 난 헤스론 종족과 갈미에게서 난 갈미 종족이니

7 이는 르우벤 종족들이라 계수된 자가 사만 삼천칠백삼십 명이었더라

8 발루의 아들은 엘리압이요

9 엘리압의 아들은 느무엘과 다단과 아비람이라 이 다단과 아비람은 회중 가운데서 부름을 받은 자들이니 고라의 무리에 들어가서 모세와 아론을 거슬러 여호와께 반역할 때에

10 땅이 그 입을 벌려서 그 무리와 고라를 삼키매 그들이 죽었고 당시에 불이 이백오십 명을 삼켜 징표가 되게 하였으나

11 고라의 아들들은 죽지 아니하였더라

12 시므온 자손의 종족들은 이러하니 느무엘에게서 난 느무엘 종족과 야민에게서 난 야민 종족과 야긴에게서 난 야긴 종족과

13 세라에게서 난 세라 종족과 사울에게서 난 사울 종족이라

14 이는 시므온의 종족들이니 계수된 자가 이만 이천이백 명이었더라

15 갓 자손의 종족들은 이러하니 스본에게서 난 스본 종족과 학기에게서 난 학기 종족과 수니에게서 난 수니 종족과

16 오스니에게서 난 오스니 종족과 에리에게서 난 에리 종족과

17 아롯에게서 난 아롯 종족과 아렐리에게서 난 아렐리 종족이라

18 이는 갓 자손의 종족들이니 계수된 자가 사만 오백 명이었더라

19 유다의 아들들은 에르와 오난이라 이 에르와 오난은 가나안 땅에서 죽었고

20 유다 자손의 종족들은 이러하니 셀라에게서 난 셀라 종족과 베레스에게서 난 베레스 종족과 세라에게서 난 세라 종족이며

21 또 베레스 자손은 이러하니 헤스론에게서 난 헤스론 종족과 하물에게서 난 하물 종족이라

22 이는 유다 종족들이니 계수된 자가 칠만 육천오백 명이었더라

23 잇사갈 자손의 종족들은 이러하니 돌라에게서 난 돌라 종족과 부와에게서 난 부니 종족과

24 야숩에게서 난 야숩 종족과 시므론에게서 난 시므론 종족이라

25 이는 잇사갈 종족들이니 계수된 자가 육만 사천삼백 명이었더라

26 스불론 자손의 종족들은 이러하니 세렛에게서 난 세렛 종족과 엘론에게서 난 엘론 종족과 얄르엘에게서 난 얄르엘 종족이라

27 이는 스불론 종족들이니 계수된 자가 육만 오백 명이었더라

28 요셉의 아들들의 종족들은 므낫세와 에브라임이요

29 므낫세의 자손 중 마길에게서 난 자손은 마길 종족이라 마길이 길르앗을 낳았고 길르앗에게서 난 자손은 길르앗 종족이라

30 길르앗 자손은 이러하니 이에셀에게서 난 이에셀 종족과 헬렉에게서 난 헬렉 종족과

31 아스리엘에게서 난 아스리엘 종족과 세겜에게서 난 세겜 종족과

32 스미다에게서 난 스미다 종족과 헤벨에게서 난 헤벨 종족이며

33 헤벨의 아들 슬로브핫은 아들이 없고 딸뿐이라 그 딸의 이름은 말라와 노아와 호글라와 밀가와 디르사니

34 이는 므낫세의 종족들이라 계수된 자가 오만 이천칠백 명이었더라

35 에브라임 자손의 종족들은 이러하니 수델라에게서 난 수델라 종족과 베겔에게서 난 베겔 종족과 다한에게서 난 다한 종족이며

36 수델라 자손은 이러하니 에란에게서 난 에란 종족이라

37 이는 에브라임 자손의 종족들이니 계수된 자가 삼만 이천오백 명이라 이상은 그 종족을 따른 요셉 자손이었더라

38 베냐민 자손의 종족들은 이러하니 벨라에게서 난 벨라 종족과 아스벨에게서 난 아스벨 종족과 아히람에게서 난 아히람 종족과

39 스부밤에게서 난 스부밤 종족과 후밤에게서 난 후밤 종족이며

40 벨라의 아들들은 아릇과 나아만이라 아릇에게서 아릇 종족과 나아만에게서 나아만 종족이 났으니

41 이는 그들의 종족을 따른 베냐민 자손이라 계수된 자가 사만 오천육백 명이었더라

42 단 자손의 종족들은 이러하니라 수함에게서 수함 종족이 났으니 이는 그들의 종족을 따른 단 종족들이라

43 수함 모든 종족의 계수된 자가 육만 사천사백 명이었더라

44 아셀 자손의 종족들은 이러하니 임나에게서 난 임나 종족과 이스위에게서 난 이스위 종족과 브리아에게서 난 브리아 종족이며

45 브리아의 자손 중 헤벨에게서 난 헤벨 종족과 말기엘에게서 난 말기엘 종족이며

46 아셀의 딸의 이름은 세라라

47 이는 아셀 자손의 종족들이니 계수된 자가 오만 삼천사백 명이었더라

48 납달리 자손은 그들의 종족대로 이러하니 야셀에게서 난 야셀 종족과 구니에게서 난 구니 종족과

49 예셀에게서 난 예셀 종족과 실렘에게서 난 실렘 종족이라

50 이는 그들의 종족을 따른 납달리 종족들이니 계수된 자가 사만 오천사백 명이었더라

51 이스라엘 자손의 계수된 자가 육십만 천칠백삼십 명이었더라

52 여호와께서 모세에게 말씀하여 이르시되

53 이 명수대로 땅을 나눠 주어 기업을 삼게 하라

54 수가 많은 자에게는 기업을 많이 줄 것이요 수가 적은 자에게는 기업을 적게 줄 것이니 그들이 계수된 수대로 각기 기업을 주되

55 오직 그 땅을 제비 뽑아 나누어 그들의 조상 지파의 이름을 따라 얻게 할지니라

56 그 다소를 막론하고 그들의 기업을 제비 뽑아 나눌지니라

57 레위인으로 계수된 자들의 종족들은 이러하니 게르손에게서 난 게르손 종족과 고핫에게서 난 고핫 종족과 므라리에게서 난 므라리 종족이며

58 레위 종족들은 이러하니 립니 종족과 헤브론 종족과 말리 종족과 무시 종족과 고라 종족이라 고핫은 아므람을 낳았으며

59 아므람의 처의 이름은 요게벳이니 레위의 딸이요 애굽에서 레위에게서 난 자라 그가 아므람에게서 아론과 모세와 그의 누이 미리암을 낳았고

60 아론에게서는 나답과 아비후와 엘르아살과 이다말이 났더니

61 나답과 아비후는 다른 불을 여호와 앞에 드리다가 죽었더라

62 일 개월 이상으로 계수된 레위인의 모든 남자는 이만 삼천 명이었더라 그들은 이스라엘 자손 중 계수에 들지 아니하였으니 이는 이스라엘 자손 중에서 그들에게 준 기업이 없음이었더라

63 이는 모세와 제사장 엘르아살이 계수한 자라 그들이 여리고 맞은편 요단 가 모압 평지에서 이스라엘 자손을 계수한 중에는

64 모세와 제사장 아론이 시내 광야에서 계수한 이스라엘 자손은 한 사람도 들지 못하였으니

65 이는 여호와께서 그들에게 대하여 말씀하시기를 그들이 반드시 광야에서 죽으리라 하셨음이라 이러므로 여분네의 아들 갈렙과 눈의 아들 여호수아 외에는 한 사람도 남지 아니하였더라

27장 슬로브핫의 딸들

1 요셉의 아들 므낫세 종족들에게 므낫세의 현손 마길의 증손 길르앗의 손자 헤벨의 아들 슬로브핫의 딸들이 찾아왔으니 그의 딸들의 이름은 말라와 노아와 호글라와 밀가와 디르사라

2 그들이 회막 문에서 모세와 제사장 엘르아살과 지휘관들과 온 회중 앞에 서서 이르되

3 우리 아버지가 광야에서 죽었으나 여호와를 거슬러 모인 고라의 무리에 들지 아니하고 자기 죄로 죽었고 아들이 없나이다

4 어찌하여 아들이 없다고 우리 아버지의 이름이 그의 종족 중에서 삭제되리이까 우리 아버지의 형제 중에서 우리에게 기업을 주소서 하매

5 모세가 그 사연을 여호와께 아뢰니라

6 여호와께서 모세에게 말씀하여 이르시되

7 슬로브핫 딸들의 말이 옳으니 너는 반드시 그들의 아버지의 형제 중에서 그들에게 기업을 주어 받게 하되 그들의 아버지의 기업을 그들에게 돌릴지니라

8 너는 이스라엘 자손에게 말하여 이르기를 사람이 죽고 아들이 없으면 그의 기업을 그의 딸에게 돌릴 것이요

9 딸도 없으면 그의 기업을 그의 형제에게 줄 것이요

10 형제도 없으면 그의 기업을 그의 아버지의 형제에게 줄 것이요

11 그의 아버지의 형제도 없으면 그의 기업을 가장 가까운 친족에게 주어 받게 할지니라 하고 나 여호와가 너 모세에게 명령한 대로 이스라엘 자손에게 판결의 규례가 되게 할지니라

모세의 후계자 여호수아

12 여호와께서 모세에게 이르시되 너는 이 아바림 산에 올라가서 내가 이스라엘 자손에게 준 땅을 바라보라

13 본 후에는 네 형 아론이 돌아간 것 같이 너도 조상에게로 돌아가리니

14 이는 신 광야에서 회중이 분쟁할 때에 너희가 내 명령을 거역하고 그 물 가에서 내 거룩함을 그들의 목전에 나타내지 아니하였음이니라 이 물은 신 광야 가데스의 므리바 물이니라

15 모세가 여호와께 여쫘와 이르되

16 여호와, 모든 육체의 생명의 하나님이시여 원하건대 한 사람을 이 회중 위에 세워서

17 그로 그들 앞에 출입하며 그들을 인도하여 출입하게 하사 여호와의 회중이 목자 없는 양과 같이 되지 않게 하옵소서

18 여호와께서 모세에게 이르시되 눈의 아들 여호수아는 그 안에 영이 머무는 자니 너는 데려다가 그에게 안수하고

19 그를 제사장 엘르아살과 온 회중 앞에 세우고 그들의 목전에서 그에게 위탁하여

20 네 존귀를 그에게 돌려 이스라엘 자손의 온 회중을 그에게 복종하게 하라

21 그는 제사장 엘르아살 앞에 설 것이요 엘르아살은 그를 위하여 우림의 판결로써 여호와 앞에 물을 것이며 그와 온 이스라엘 자손 곧 온 회중은 엘르아살의 말을 따라 나가며 들어올 것이니라

22 모세가 여호와께서 자기에게 명령하신 대로 하여 여호수아를 데려다가 제사장 엘르아살과 온 회중 앞에 세우고

23 그에게 안수하여 위탁하되 여호와께서 모세에게 명령하신 대로 하였더라

28장 날마다 바치는 번제물

1 여호와께서 모세에게 말씀하여 이르시되

2 이스라엘 자손에게 명령하여 그들에게 이르라 내 헌물, 내 음식인 화제물 내 향기로운 것은 너희가 그 정한 시기에 삼가 내게 바칠지니라

3 또 그들에게 이르라 너희가 여호와께 드릴 화제는 이러하니 일 년 되고 흠 없는 숫양을 매일 두 마리씩 상번제로 드리되

4 어린 양 한 마리는 아침에 드리고 어린 양 한 마리는 해 질 때에 드릴 것이요

5 또 고운 가루 십분의 일 에바에 빻아 낸 기름 사분의 일 힌을 섞어서 소제로 드릴 것이니

6 이는 시내 산에서 정한 상번제로서 여호와께 드리는 향기로운 화제며

7 또 그 전제는 어린 양 한 마리에 사분의 일 힌을 드리되 거룩한 곳에서 여호와께 독주의 전제를 부어 드릴 것이며

8 해 질 때에는 두 번째 어린 양을 드리되 아침에 드린 소제와 전제와 같이 여호와께 향기로운 화제로 드릴 것이니라

안식일

9 안식일에는 일 년 되고 흠 없는 숫양 두 마리와 고운 가루 십분의 이에 기름 섞은 소제와 그 전제를 드릴 것이니

10 이는 상번제와 그 전제 외에 매 안식일의 번제니라

초하루

11 초하루에는 수송아지 두 마리와 숫양 한 마리와 일 년 되고 흠 없는 숫양 일곱 마리로 여호와께 번제를 드리되

12 매 수송아지에는 고운 가루 십분의 삼에 기름 섞은 소제와 숫양 한 마리에는 고운 가루 십분의 이에 기름 섞은 소제와

13 매 어린 양에는 고운 가루 십분의 일에 기름 섞은 소제를 향기로운 번제로 여호와께 화제를 드릴 것이며

14 그 전제는 수송아지 한 마리에 포도주 반 힌이요 숫양 한 마리에 삼분의 일 힌이요 어린 양 한 마리에 사분의 일 힌이니 이는 일 년 중 매월 초하루의 번제며

15 또 상번제와 그 전제 외에 숫염소 한 마리를 속죄제로 여호와께 드릴 것이니라

유월절

16 첫째 달 열넷째 날은 여호와를 위하여 지킬 유월절이며

17 또 그 달 열다섯째 날부터는 명절이니 이레 동안 무교병을 먹을 것이며

18 그 첫날에는 성회로 모일 것이요 아무 일도 하지 말 것이며

19 수송아지 두 마리와 숫양 한 마리와 일 년 된 숫양 일곱 마리를 다 흠 없는 것으로 여호와께 화제를 드러 번제가 되게 할 것이며

20 그 소제로는 고운 가루에 기름을 섞어서 쓰되 수송아지 한 마리에는 십분의 삼이요 숫양 한 마리에는 십분의 이를 드리고

21 어린 양 일곱에는 어린 양 한 마리마다 십분의 일을 드릴 것이며

22 또 너희를 속죄하기 위하여 숫염소 한 마리로 속죄제를 드리되

23 아침의 번제 곧 상번제 외에 그것들을 드릴 것이니라

24 너희는 이 순서대로 이레 동안 매일 여호와께 향기로운 화제의 음식을 드리되 상번제와 그 전제 외에 드릴 것이며

25 일곱째 날에는 성회로 모일 것이요 아무 일도 하지 말 것이니라

칠칠절

26 칠칠절 처음 익은 열매를 드리는 날에 너희가 여호와께 새 소제를 드릴 때에도 성회로 모일 것이요 아무 일도 하지 말 것이며

27 수송아지 두 마리와 숫양 한 마리와 일 년 된 숫양 일곱 마리로 여호와 께 향기로운 번제를 드릴 것이며

28 그 소제로는 고운 가루에 기름을 섞어서 쓰되 수송아지 한 마리마다 십 분의 삼이요 숫양 한 마리에는 십분의 이요

29 어린 양 일곱 마리에는 어린 양 한 마리마다 십분의 일을 드릴 것이며

30 또 너희를 속죄하기 위하여 숫염소 한 마리를 드리되

31 너희는 다 흠 없는 것으로 상번제와 그 소제와 전제 외에 그것들을 드 릴 것이니라

29장

일곱째 달 초하루

1 일곱째 달에 이르러는 그 달 초하루에 성회로 모이고 아무 노동도 하지 말라 이는 너희가 나팔을 불 날이니라

2 너희는 수송아지 한 마리와 숫양 한 마리와 일 년 되고 흠 없는 숫양 일 곱 마리를 여호와께 향기로운 번제로 드릴 것이며

3 그 소제로는 고운 가루에 기름을 섞어서 쓰되 수송아지에는 십분의 삼 이요 숫양에는 십분의 이요

4 어린 양 일곱 마리에는 어린 양 한 마리마다 십분의 일을 드릴 것이며

5 또 너희를 속죄하기 위하여 숫염소 한 마리로 속죄제를 드리되

6 그 달의 번제와 그 소제와 상번제와 그 소제와 그 전제 외에 그 규례를 따라 향기로운 냄새로 화제를 여호와께 드릴 것이니라

속죄일

7 일곱째 달 열흘 날에는 너희가 성회로 모일 것이요 너희의 심령을 괴롭 게 하며 아무 일도 하지 말 것이니라

8 너희는 수송아지 한 마리와 숫양 한 마리와 일 년 된 숫양 일곱 마리를 다 흠 없는 것으로 여호와께 향기로운 번제를 드릴 것이며

9 그 소제로는 고운 가루에 기름을 섞어서 쓰되 수송아지 한 마리에는 십 분의 삼이요 숫양 한 마리에는 십분의 이요

10 어린 양 일곱 마리에는 어린 양 한 마리마다 십분의 일을 드릴 것이며

11 속죄제와 상번제와 그 소제와 그 전제 외에 숫염소 한 마리를 속죄제로 드릴 것이니라

장막절

12 일곱째 달 열다섯째 날에는 너희가 성회로 모일 것이요 아무 일도 하지 말 것이며 이레 동안 여호와 앞에 절기를 지킬 것이라

13 너희 번제로 여호와께 향기로운 화제를 드리되 수송아지 열세 마리와 숫양 두 마리와 일 년 된 숫양 열네 마리를 다 흠 없는 것으로 드릴 것이며

14 그 소제로는 고운 가루에 기름을 섞어서 수송아지 열세 마리에는 각기 십분의 삼이요 숫양 두 마리에는 각기 십분의 이요

15 어린 양 열네 마리에는 각기 십분의 일을 드릴 것이며

16 상번제와 그 소제와 그 전제 외에 숫염소 한 마리를 속죄제로 드릴 것이니라

17 둘째 날에는 수송아지 열두 마리와 숫양 두 마리와 일 년 되고 흠 없는 숫양 열네 마리를 드릴 것이며

18 그 소제와 전제는 수송아지와 숫양과 어린 양의 수효를 따라서 규례대로 할 것이며

19 상번제와 그 소제와 그 전제 외에 숫염소 한 마리를 속죄제로 드릴 것이니라

20 셋째 날에는 수송아지 열한 마리와 숫양 두 마리와 일 년 되고 흠 없는 숫양 열네 마리를 드릴 것이며

21 그 소제와 전제는 수송아지와 숫양과 어린 양의 수효를 따라서 규례대로 할 것이며

22 상번제와 그 소제와 그 전제 외에 숫염소 한 마리를 속죄제로 드릴 것이니라

23 넷째 날에는 수송아지 열 마리와 숫양 두 마리와 일 년 되고 흠 없는 숫양 열네 마리를 드릴 것이며

24 그 소제와 전제는 수송아지와 숫양과 어린 양의 수효를 따라 규례대로 할 것이며

25 상번제와 그 소제와 그 전제 외에 숫염소 한 마리를 속죄제로 드릴 것이 니라

5

26 다섯째 날에는 수송아지 아홉 마리와 숫양 두 마리와 일 년 되고 흠 없 는 숫양 열네 마리를 드릴 것이며

27 그 소제와 전제는 수송아지와 숫양과 어린 양의 수효를 따라서 규례대 로 할 것이며

10

28 상번제와 그 소제와 그 전제 외에 숫염소 한 마리를 속죄제로 드릴 것이 니라

29 여섯째 날에는 수송아지 여덟 마리와 숫양 두 마리와 일 년 되고 흠 없 는 숫양 열네 마리를 드릴 것이며

30 그 소제와 전제는 수송아지와 숫양과 어린 양의 수효를 따라서 규례대 로 할 것이며

15

31 상번제와 그 소제와 그 전제 외에 숫염소 한 마리를 속죄제로 드릴 것이 니라

32 일곱째 날에는 수송아지 일곱 마리와 숫양 두 마리와 일 년 되고 흠 없 는 숫양 열네 마리를 드릴 것이며

20

33 그 소제와 전제는 수송아지와 숫양과 어린 양의 수효를 따라 규례대로 할 것이며

34 상번제와 그 소제와 그 전제 외에 숫염소 한 마리를 속죄제로 드릴 것이 니라

35 여덟째 날에는 장엄한 대회로 모일 것이요 아무 일도 하지 말 것이며

25

36 번제로 여호와께 향기로운 화제를 드리되 수송아지 한 마리와 숫양 한 마리와 일 년 되고 흠 없는 숫양 일곱 마리를 드릴 것이며

37 그 소제와 전제는 수송아지와 숫양과 어린 양의 수효를 따라 규례대로 할 것이며

38 상번제와 그 소제와 그 전제 외에 숫염소 한 마리를 속죄제로 드릴 것이니라

39 너희가 이 절기를 당하거든 여호와께 이같이 드릴지니 이는 너희의 서원제나 낙헌제로 드리는 번제, 소제, 전제, 화목제 외에 드릴 것이니라

40 모세가 여호와께서 모세에게 명령하신 모든 일을 이스라엘 자손에게 말하니라

30장 여호와께 서원한 것

1 모세가 이스라엘 자손 지파의 수령들에게 말하여 이르되 여호와의 명령이 이러하니라

2 사람이 여호와께 서원하였거나 결심하고 서약하였으면 깨뜨리지 말고 그가 입으로 말한 대로 다 이행할 것이니라

3 또 여자가 만일 어려서 그 아버지 집에 있을 때에 여호와께 서원한 일이나 스스로 결심하려고 한 일이 있다고 하자

4 그의 아버지가 그의 서원이나 그가 결심한 서약을 듣고도 그에게 아무 말이 없으면 그의 모든 서원을 행할 것이요 그가 결심한 서약을 지킬 것이니라

5 그러나 그의 아버지가 그것을 듣는 날에 허락하지 아니하면 그의 서원과 결심한 서약을 이루지 못할 것이니 그의 아버지가 허락하지 아니하였은즉 여호와께서 사하시리라

6 또 혹시 남편을 맞을 때에 서원이나 결심한 서약을 경솔하게 그의 입술로 말하였으면

7 그의 남편이 그것을 듣고 그 듣는 날에 그에게 아무 말이 없으면 그 서원을 이행할 것이요 그가 결심한 서약을 지킬 것이니라

8 그러나 그의 남편이 그것을 듣는 날에 허락하지 아니하면 그 서원과 결심하려고 경솔하게 입술로 말한 서약은 무효가 될 것이니 여호와께서 그 여자를 사하시리라

9 과부나 이혼 당한 여자의 서원이나 그가 결심한 모든 서약은 지킬 것이니라

10 부녀가 혹시 그의 남편의 집에서 서원을 하였다든지 결심하고 서약을 하였다 하자

11 그의 남편이 그것을 듣고도 아무 말이 없고 금하지 않으면 그 서원은 다 이행할 것이요 그가 결심한 서약은 다 지킬 것이니라

12 그러나 그의 남편이 그것을 듣는 날에 무효하게 하면 그 서원과 결심한 일에 대하여 입술로 말한 것을 아무것도 이루지 못하나니 그의 남편이 그것을 무효하게 하였은즉 여호와께서 그 부녀를 사하시느니라

13 모든 서원과 마음을 자제하기로 한 모든 서약은 그의 남편이 그것을 지키게도 할 수 있고 무효하게도 할 수 있으니

14 그의 남편이 여러 날이 지나도록 말이 없으면 아내의 서원과 스스로 결심한 일을 지키게 하는 것이니 이는 그가 그것을 들을 때에 그의 아내에게 아무 말도 아니하였으므로 지키게 됨이니라

15 그러나 그의 남편이 들은 지 얼마 후에 그것을 무효하게 하면 그가 아내의 죄를 담당할 것이니라

16 이는 여호와께서 모세에게 명령하신 규레니 남편이 아내에게, 아버지가 자기 집에 있는 어린 딸에 대한 것이니라

31장 미디안에게 여호와의 원수를 갚다

1 여호와께서 모세에게 말씀하여 이르시되

2 이스라엘 자손의 원수를 미디안에게 갚으라 그 후에 네가 네 조상에게로 돌아가리라

3 모세가 백성에게 말하여 이르되 너와 함께 있는 사람들 가운데서 전쟁에 나갈 사람들을 무장시키고 미디안을 치러 보내어 여호와의 원수를 갚되

4 이스라엘 모든 지파에게 각 지파에서 천 명씩을 전쟁에 보낼지니라 하매

5 각 지파에서 천 명씩 이스라엘 백만 명 중에서 만 이천 명을 택하여 무장을 시킨지라

6 모세가 각 지파에 천 명씩 싸움에 보내되 제사장 엘르아살의 아들 비느하스에게 성소의 기구와 신호 나팔을 들려서 그들과 함께 전쟁에 보내매

7 그들이 여호와께서 모세에게 명령하신 대로 미디안을 쳐서 남자를 다 죽였고

8 그 죽인 자 외에 미디안의 다섯 왕을 죽였으니 미디안의 왕들은 에위와 레겜과 수르와 후르와 레바이며 또 브올의 아들 발람을 칼로 죽였더라

9 이스라엘 자손이 미디안의 부녀들과 그들의 아이들을 사로잡고 그들의 가축과 양 떼와 재물을 다 탈취하고

10 그들이 거처하는 성읍들과 촌락을 다 불사르고

11 탈취한 것, 노략한 것, 사람과 짐승을 다 빼앗으니라

12 그들이 사로잡은 자와 노략한 것과 탈취한 것을 가지고 여리고 맞은편 요단 강 가 모압 평지의 진영에 이르러 모세와 제사장 엘르아살과 이스라엘 자손의 회중에게로 나아오니라

군대가 이기고 돌아오다

13 모세와 제사장 엘르아살과 회중의 지도자들이 다 진영 밖에 나가서 영접하다가

14 모세가 군대의 지휘관 곧 싸움에서 돌아온 천부장들과 백부장들에게 노하니라

15 모세가 그들에게 이르되 너희가 여자들을 다 살려두었느냐

16 보라 이들이 발람의 꾀를 따라 이스라엘 자손을 브올의 사건에서 여호와 앞에 범죄하게 하여 여호와의 회중 가운데에 염병이 일어나게 하였느니라

17 그러므로 아이들 중에서 남자는 다 죽이고 남자와 동침하여 사내를 아는 여자도 다 죽이고

18 남자와 동침하지 아니하여 사내를 알지 못하는 여자들은 다 너희를 위하여 살려둘 것이니라

19 너희는 이레 동안 진영 밖에 주둔하라 누구든지 살인자나 죽임을 당한 사체를 만진 자는 셋째 날과 일곱째 날에 몸을 깨끗하게 하고 너희의 포로도 깨끗하게 할 것이며

20 모든 의복과 가죽으로 만든 모든 것과 염소털로 만든 모든 것과 나무로 만든 모든 것을 다 깨끗하게 할지니라

21 제사장 엘르아살이 싸움에 나갔던 군인들에게 이르되 이는 여호와께서 모세에게 명령하신 율법이니라

22 금, 은, 동, 철과 주석과 납 등의

23 불에 견딜 만한 모든 물건은 불을 지나게 하라 그리하면 깨끗하려니와 다만 정결하게 하는 물로 그것을 깨끗하게 할 것이며 불에 견디지 못할 모든 것은 물을 지나게 할 것이니라

24 너희는 일곱째 날에 옷을 빨아서 깨끗하게 한 후에 진영에 들어올지니라

전리품 분배

25 여호와께서 모세에게 말씀하여 이르시되

26 너는 제사장 엘르아살과 회중의 수령들과 더불어 이 사로잡은 사람들과 짐승들을 계수하고

27 그 얻은 물건을 반분하여 그 절반은 전쟁에 나갔던 군인들에게 주고 절반은 회중에게 주고

28 전쟁에 나갔던 군인들은 사람이나 소나 나귀나 양 떼의 오백분의 일을 여호와께 드릴지니라

29 곧 이를 그들의 절반에서 가져다가 여호와의 거제로 제사장 엘르아살에게 주고

30 또 이스라엘 자손이 받은 절반에서는 사람이나 소나 나귀나 양 떼나 각종 짐승 오십분의 일을 가져다가 여호와의 성막을 맡은 레위인에게 주라

31 모세와 제사장 엘르아살이 여호와께서 모세에게 명령하신 대로 하니라

32 그 탈취물 곧 군인들의 다른 탈취물 외에 양이 육십칠만 오천 마리요

33 소가 칠만 이천 마리요

34 나귀가 육만 천 마리요

35 사람은 남자와 동침하지 아니하여서 사내를 알지 못하는 여자가 도합 삼만 이천 명이니

5

36 그 절반 곧 전쟁에 나갔던 자들의 소유가 양이 삼십삼만 칠천오백 마리라

37 여호와께 공물로 드린 양이 육백칠십오요

38 소가 삼만 육천 마리라 그 중에서 여호와께 공물로 드린 것이 칠십이 마리요

39 나귀가 삼만 오백 마리라 그 중에서 여호와께 공물로 드린 것이 육십일 마리요

10

40 사람이 만 육천 명이라 그 중에서 여호와께 공물로 드린 자가 삼십이 명이니

41 여호와께 거제의 공물로 드린 것을 모세가 제사장 엘르아살에게 주었으니 여호와께서 모세에게 명령하심과 같았더라

15

42 모세가 전쟁에 나갔던 자에게서 나누어 이스라엘 자손에게 준 절반

43 곧 회중이 받은 절반은 양이 삼십삼만 칠천오백 마리요

44 소가 삼만 육천 마리요

45 나귀가 삼만 오백 마리요

46 사람이 만 육천 명이라

20

47 이스라엘 자손의 그 절반에서 모세가 사람이나 짐승의 오십분의 일을 취하여 여호와의 장막을 맡은 레위인에게 주었으니 여호와께서 모세에게 명령하심과 같았더라

48 군대의 지휘관들 곧 천부장과 백부장들이 모세에게 나아와서

49 모세에게 말하되 당신의 종들이 이끈 군인을 계수한즉 우리 중 한 사람도 축나지 아니하였기로

25

50 우리 각 사람이 받은 바 금 패물 곧 발목 고리, 손목 고리, 인장 반지, 귀 고리, 목걸이들을 여호와께 헌금으로 우리의 생명을 위하여 여호와 앞에 속죄하려고 가져왔나이다

51 모세와 제사장 엘르아살이 그들에게서 그 금으로 만든 모든 패물을 취한즉

5

52 천부장과 백부장들이 여호와께 드린 거제의 금의 도합이 만 육천칠백오십 세겔이니

53 군인들이 각기 자기를 위하여 탈취한 것이니라

54 모세와 제사장 엘르아살이 천부장과 백부장들에게서 금을 취하여 회막에 드려 여호와 앞에서 이스라엘 자손의 기념을 삼았더라

10

32장 요단 강 동쪽 지파들

1 르우벤 자손과 갓 자손은 심히 많은 가축 떼를 가졌더라 그들이 야셀 땅과 길르앗 땅을 본즉 그 곳은 목축할 만한 장소인지라

2 갓 자손과 르우벤 자손이 와서 모세와 제사장 엘르아살과 회중 지휘관들에게 말하여 이르되

15

3 아다롯과 디본과 야셀과 니므라와 헤스본과 엘르알레와 스밤과 느보와 브온

4 곧 여호와께서 이스라엘 회중 앞에서 쳐서 멸하신 땅은 목축할 만한 장소요 당신의 종들에게는 가축이 있나이다

20

5 또 이르되 우리가 만일 당신에게 은혜를 입었으면 이 땅을 당신의 종들에게 그들의 소유로 주시고 우리에게 요단 강을 건너지 않게 하소서

6 모세가 갓 자손과 르우벤 자손에게 이르되 너희 형제들은 싸우러 가거늘 너희는 여기 앉아 있고자 하느냐

7 너희가 어찌하여 이스라엘 자손에게 낙심하게 하여서 여호와께서 그들에게 주신 땅으로 건너갈 수 없게 하려 하느냐

25

8 너희 조상들도 내가 가데스바네아에서 그 땅을 보라고 보냈을 때에 그리 하였었나니

9 그들이 에스골 골짜기에 올라가서 그 땅을 보고 이스라엘 자손을 낙심하게 하여서 여호와께서 그들에게 주신 땅으로 갈 수 없게 하였었느니라

10 그 때에 여호와께서 진노하사 맹세하여 이르시되

11 애굽에서 나온 자들이 이십 세 이상으로는 한 사람도 내가 아브라함과 이삭과 야곱에게 맹세한 땅을 결코 보지 못하리니 이는 그들이 나를 온전히 따르지 아니하였음이니라

12 그러나 그나스 사람 여분네의 아들 갈렙과 눈의 아들 여호수아는 여호와를 온전히 따랐느니라 하시고

13 여호와께서 이스라엘에게 진노하사 그들에게 사십 년 동안 광야에 방황하게 하셨으므로 여호와의 목전에 악을 행한 그 세대가 마침내는 다 끊어졌느니라

14 보라 너희는 너희의 조상의 대를 이어 일어난 죄인의 무리로서 이스라엘을 향하신 여호와의 노를 더욱 심하게 하는도다

15 너희가 만일 돌이켜 여호와를 떠나면 여호와께서 다시 이 백성을 광야에 버리시리니 그리하면 너희가 이 모든 백성을 멸망시키리라

16 그들이 모세에게 가까이 나아와 이르되 우리가 이 곳에 우리 가축을 위하여 우리를 짓고 우리 어린 아이들을 위하여 성읍을 건축하고

17 이 땅의 원주민이 있으므로 우리 어린 아이들을 그 견고한 성읍에 거주하게 한 후에 우리는 무장하고 이스라엘 자손을 그 곳으로 인도하기까지 그들의 앞에서 가고

18 이스라엘 자손이 각기 기업을 받기까지 우리 집으로 돌아오지 아니하겠사오며

19 우리는 요단 이쪽 곧 동쪽에서 기업을 받았사오니 그들과 함께 요단 저쪽에서는 기업을 받지 아니하겠나이다

20 모세가 그들에게 이르되 너희가 만일 이 일을 행하여 무장하고 여호와 앞에서 가서 싸우되

21 너희가 다 무장하고 여호와 앞에서 요단을 건너가서 여호와께서 그의 원수를 자기 앞에서 쫓아내시고

22 그 땅이 여호와 앞에 복종하게 하시기까지 싸우면 여호와 앞에서나 이스라엘 앞에서나 무죄하여 돌아오겠고 이 땅은 여호와 앞에서 너희의 소유가 되리라마는

23 너희가 만일 그같이 아니하면 여호와께 범죄함이니 너희 죄가 반드시 너희를 찾아낼 줄 알라

24 너희는 어린 아이들을 위하여 성읍을 건축하고 양을 위하여 우리를 지으라 그리고 너희의 입이 말한 대로 행하라

25 갓 자손과 르우벤 자손이 모세에게 대답하여 이르되 주의 종들인 우리는 우리 주의 명령대로 행할 것이라

26 우리의 어린 아이들과 아내와 양 떼와 모든 가축은 이곳 길르앗 성읍들에 두고

27 종들은 우리 주의 말씀대로 무장하고 여호와 앞에서 다 건너가서 싸우리이다

28 이에 모세가 그들에 대하여 제사장 엘르아살과 눈의 아들 여호수아와 이스라엘 자손 지파의 수령들에게 명령하니라

29 모세가 그들에게 이르되 갓 자손과 르우벤 자손이 만일 각각 무장하고 너희와 함께 요단을 건너가서 여호와 앞에서 싸워서 그 땅이 너희 앞에 항복하기에 이르면 길르앗 땅을 그들의 소유로 줄 것이니라

30 그러나 만일 그들이 너희와 함께 무장하고 건너지 아니하면 그들은 가나안 땅에서 너희와 함께 땅을 소유할 것이니라

31 갓 자손과 르우벤 자손이 대답하여 이르되 여호와께서 당신의 종들에게 명령하신 대로 우리가 행할 것이라

32 우리가 무장하고 여호와 앞에서 가나안 땅에 건너가서 요단 이쪽을 우리가 소유할 기업이 되게 하리이다

33 모세가 갓 자손과 르우벤 자손과 요셉의 아들 므낫세 반 지파에게 아모리인의 왕 시혼의 나라와 바산 왕 옥의 나라를 주되 곧 그 땅과 그 경내의 성읍들과 그 성읍들의 사방 땅을 그들에게 주매

34 갓 자손은 디본과 아다롯과 아로엘과

35 아다롯소반과 야셀과 욕브하와

36 벧니므라와 벧하란들의 견고한 성읍을 건축하였고 또 양을 위하여 우리를 지었으며

37 르우벤 자손은 헤스본과 엘르알레와 기랴다임과

38 느보와 바알므온들을 건축하고 그 이름을 바꾸었고 또 십마를 건축하고 건축한 성읍들에 새 이름을 주었고

39 므낫세의 아들 마길의 자손은 가서 길르앗을 쳐서 빼앗고 거기 있는 아모리인을 쫓아내매

40 모세가 길르앗을 므낫세의 아들 마길에게 주매 그가 거기 거주하였고

41 므낫세의 아들 야일은 가서 그 촌락들을 빼앗고 하봇야일이라 불렀으며

42 노바는 가서 그낫과 그 마을들을 빼앗고 자기 이름을 따라서 노바라 불렀더라

33장 애굽에서 모압까지

1 모세와 아론의 인도로 대오를 갖추어 애굽을 떠난 이스라엘 자손들의 노정은 이러하니라

2 모세가 여호와의 명령대로 그 노정을 따라 그들이 행진한 것을 기록하였으니 그들이 행진한 대로의 노정은 이러하니라

3 그들이 첫째 달 열다섯째 날에 라암셋을 떠났으니 곧 유월절 다음 날이라 이스라엘 자손이 애굽 모든 사람의 목전에서 큰 권능으로 나왔으니

4 애굽인은 여호와께서 그들 중에 치신 그 모든 장자를 장사하는 때라 여호와께서 그들의 신들에게도 벌을 주셨더라

5 이스라엘 자손이 라암셋을 떠나 숙곳에 진을 치고

6 숙곳을 떠나 광야 끝 에담에 진을 치고

7 에담을 떠나 바알스본 앞 비하히롯으로 돌아가서 믹돌 앞에 진을 치고

8 하히롯 앞을 떠나 광야를 바라보고 바다 가운데를 지나 에담 광야로 사흘 길을 가서 마라에 진을 치고

9 마라를 떠나 엘림에 이르니 엘림에는 샘물 열둘과 종려 칠십 그루가 있으므로 거기에 진을 치고

10 엘림을 떠나 홍해 가에 진을 치고

11 홍해 가를 떠나 신 광야에 진을 치고

12 신 광야를 떠나
5

13 돕가에 진을 치고 돕가를 떠나 알루스에 진을 치고

14 알루스를 떠나 르비딤에 진을 쳤는데 거기는 백성이 마실 물이 없었더라

15 르비딤을 떠나 시내 광야에 진을 치고

16 시내 광야를 떠나 기브롯핫다아와에 진을 치고

17 기브롯핫다아와를 떠나 하세롯에 진을 치고
10

18 하세롯을 떠나 릿마에 진을 치고

19 릿마를 떠나 림몬베레스에 진을 치고

20 림몬베레스를 떠나 립나에 진을 치고

21 립나를 떠나 릿사에 진을 치고

22 릿사를 떠나 그헬라다에 진을 치고
15

23 그헬라다를 떠나 세벨 산에 진을 치고

24 세벨 산을 떠나 하라다에 진을 치고

25 하라다를 떠나 막헬롯에 진을 치고

26 막헬롯을 떠나 다핫에 진을 치고

27 다핫을 떠나 데라에 진을 치고
20

28 데라를 떠나 밋가에 진을 치고

29 밋가를 떠나 하스모나에 진을 치고

30 하스모나를 떠나 모세롯에 진을 치고

31 모세롯을 떠나 브네야아간에 진을 치고

32 브네야아간을 떠나 홀하깃갓에 진을 치고
25

33 홀하깃갓을 떠나 욧바다에 진을 치고

34 욧바다를 떠나 아브로나에 진을 치고

35 아브로나를 떠나 에시온게벨에 진을 치고

36 에시온게벨을 떠나 신 광야 곧 가데스에 진을 치고

37 가데스를 떠나 에돔 땅 변경의 호르 산에 진을 쳤더라

38 이스라엘 자손이 애굽 땅에서 나온 지 사십 년째 오월 초하루에 제사장 아론이 여호와의 명령으로 호르 산에 올라가 거기서 죽었으니

39 아론이 호르 산에서 죽던 때의 나이는 백이십삼 세였더라

40 가나안 땅 남방에 살고 있는 가나안 사람 아랏 왕은 이스라엘 자손이 온다는 소식을 들었더라

41 그들이 호르 산을 떠나 살모나에 진을 치고

42 살모나를 떠나 부논에 진을 치고

43 부논을 떠나 오봇에 진을 치고

44 오봇을 떠나 모압 변경 이예아바림에 진을 치고

45 이임을 떠나 디본갓에 진을 치고

46 디본갓을 떠나 알몬디블라다임에 진을 치고

47 알몬디블라다임을 떠나 느보 앞 아바림 산에 진을 치고

48 아바림 산을 떠나 여리고 맞은편 요단 강 기 모압 평지에 진을 쳤으니

49 요단 강 가 모압 평지의 진영이 벧여시못에서부터 아벨싯딤에 이르렀더라

가나안 땅을 제비 뽑아 나누다

50 여리고 맞은편 요단 강 가 모압 평지에서 여호와께서 모세에게 말씀하여 이르시되

51 이스라엘 자손에게 말하여 그들에게 이르라 너희가 요단 강을 건너 가나안 땅에 들어가거든

52 그 땅의 원주민을 너희 앞에서 다 몰아내고 그 새긴 석상과 부어 만든 우상을 다 깨뜨리며 산당을 다 헐고

53 그 땅을 점령하여 거기 거주하라 내가 그 땅을 너희 소유로 너희에게 주었음이라

54 너희의 종족을 따라 그 땅을 제비 뽑아 나눌 것이니 수가 많으면 많은 기업을 주고 적으면 적은 기업을 주되 각기 제비 뽑은 대로 그 소유가 될 것인즉 너희 조상의 지파를 따라 기업을 받을 것이니라

55 너희가 만일 그 땅의 원주민을 너희 앞에서 몰아내지 아니하면 너희가 남겨둔 자들이 너희의 눈에 가시와 너희의 옆구리에 찌르는 것이 되어 너희가 거주하는 땅에서 너희를 괴롭게 할 것이요

56 나는 그들에게 행하기로 생각한 것을 너희에게 행하리라

34장 가나안 땅의 경계

1 여호와께서 모세에게 말씀하여 이르시되

2 너는 이스라엘 자손에게 명령하여 그들에게 이르라 너희가 가나안 땅에 들어가는 때에 그 땅은 너희의 기업이 되리니 곧 가나안 사방 지경이라

3 너희 남쪽은 에돔 곁에 접근한 신 광야니 너희의 남쪽 경계는 동쪽으로 염해 끝에서 시작하여

4 돌아서 아그랍빔 언덕 남쪽에 이르고 신을 지나 가데스바네아 남쪽에 이르고 또 하살아달을 지나 아스몬에 이르고

5 아스몬에서 돌아서 애굽 시내를 지나 바다까지 이르느니라

6 서쪽 경계는 대해가 경계가 되나니 이는 너희의 서쪽 경계니라

7 북쪽 경계는 이러하니 대해에서부터 호르 산까지 그어라

8 호르 산에서 그어 하맛 어귀에 이르러 스닷에 이르고

9 그 경계가 또 시브론을 지나 하살에난에 이르나니 이는 너희의 북쪽 경계니라

10 너희의 동쪽 경계는 하살에난에서 그어 스밤에 이르고

11 그 경계가 또 스밤에서 리블라로 내려가서 아인 동쪽에 이르고 또 내려가서 긴네렛 동쪽 해변에 이르고

12 그 경계가 또 요단으로 내려가서 염해에 이르나니 너희 땅의 사방 경계가 이러하니라

13 모세가 이스라엘 자손에게 명령하여 이르되 이는 너희가 제비 뽑아 받을 땅이라 여호와께서 이것을 아홉 지파 반 쪽에게 주라고 명령하셨나니

14 이는 르우벤 자손의 지파와 갓 자손의 지파가 함께 그들의 조상의 가문에 따라 그들의 기업을 받을 것이며 므낫세의 반쪽도 기업을 받았음이니라

15 이 두 지파와 그 반 지파는 여리고 맞은편 요단 건너편 곧 해 돋는 쪽에서 그들의 기업을 받으리라

각 지파의 기업 분할 책임자

16 여호와께서 또 모세에게 말씀하여 이르시되

17 너희에게 땅을 기업으로 나눌 자의 이름은 이러하니 제사장 엘르아살과 눈의 아들 여호수아니라

18 너희는 또 기업의 땅을 나누기 위하여 각 지파에 한 지휘관씩 택하라

19 그 사람들의 이름은 이러하니 유다 지파에서는 여분네의 아들 갈렙이요

20 시므온 지파에서는 암미훗의 아들 스므엘이요

21 베냐민 지파에서는 기슬론의 아들 엘리닷이요

22 단 자손 지파에서는 지휘관 요글리의 아들 북기요

23 요셉 자손 중 므낫세 자손 지파에서는 지휘관 에봇의 아들 한니엘이요

24 에브라임 자손 지파에서는 지휘관 십단의 아들 그므엘이요

25 스불론 자손 지파에서는 지휘관 바르낙의 아들 엘리사반이요

26 잇사갈 자손 지파에서는 지휘관 앗산의 아들 발디엘이요

27 아셀 자손 지파에서는 지휘관 슬로미의 아들 아히훗이요

28 납달리 자손 지파에서는 지휘관 암미훗의 아들 브다헬이니라 하셨느니라

29 이들이 여호와께서 명령하사 가나안 땅에서 이스라엘 자손에게 기업을 받게 하신 자들이니라

35장 레위 사람에게 준 성읍

1 여호와께서 여리고 맞은편 요단 강 가 모압 평지에서 모세에게 말씀하여 이르시되

2 이스라엘 자손에게 명령하여 그들이 받은 기업에서 레위인에게 거주할 성읍들을 주게 하고 너희는 또 그 성읍들을 두르고 있는 초장을 레위인에게 주어서

3 성읍은 그들의 거처가 되게 하고 초장은 그들의 재산인 가축과 짐승들을 둘 곳이 되게 할 것이라

4 너희가 레위인에게 줄 성읍들의 들은 성벽에서부터 밖으로 사방 천 규빗이라

5 성을 중앙에 두고 성 밖 동쪽으로 이천 규빗, 남쪽으로 이천 규빗, 서쪽으로 이천 규빗, 북쪽으로 이천 규빗을 측량할지니 이는 그들의 성읍의 들이며

6 너희가 레위인에게 줄 성읍은 살인자들이 피하게 할 도피성으로 여섯 성읍이요 그 외에 사십이 성읍이라

7 너희가 레위인에게 모두 사십팔 성읍을 주고 그 초장도 함께 주되

8 너희가 이스라엘 자손의 소유에서 레위인에게 너희가 성읍을 줄 때에 많이 받은 자에게서는 많이 떼어서 주고 적게 받은 자에게서는 적게 떼어 줄 것이라 각기 받은 기업을 따라서 그 성읍들을 레위인에게 줄지니라

도피성

9 여호와께서 또 모세에게 말씀하여 이르시되

10 이스라엘 자손에게 말하여 그들에게 이르라 너희가 요단 강을 건너 가나안 땅에 들어가거든

11 너희를 위하여 성읍을 도피성으로 정하여 부지중에 살인한 자가 그리로 피하게 하라

12 이는 너희가 복수할 자에게서 도피하는 성을 삼아 살인자가 회중 앞에 서서 판결을 받기까지 죽지 않게 하기 위함이니라

13 너희가 줄 성읍 중에 여섯을 도피성이 되게 하되

14 세 성읍은 요단 이쪽에 두고 세 성읍은 가나안 땅에 두어 도피성이 되게 하라

15 이 여섯 성읍은 이스라엘 자손과 타국인과 이스라엘 중에 거류하는 자의 도피성이 되리니 부지중에 살인한 모든 자가 그리로 도피할 수 있으리라

16 만일 철 연장으로 사람을 쳐죽이면 그는 살인자니 그 살인자를 반드시 죽일 것이요

17 만일 사람을 죽일 만한 돌을 손에 들고 사람을 쳐죽이면 이는 살인한 자니 그 살인자는 반드시 죽일 것이요

18 만일 사람을 죽일 만한 나무 연장을 손에 들고 사람을 쳐죽이면 그는 살인한 자니 그 살인자는 반드시 죽일 것이니라

19 피를 보복하는 자는 그 살인한 자를 자신이 죽일 것이니 그를 만나면 죽일 것이요

20 만일 미워하는 까닭에 밀쳐 죽이거나 기회를 엿보아 무엇을 던져 죽이거나

21 악의를 가지고 손으로 쳐죽이면 그 친 자는 반드시 죽일 것이니 이는 살인하였음이라 피를 보복하는 자는 살인자를 만나면 죽일 것이니라

22 악의가 없이 우연히 사람을 밀치거나 기회를 엿봄이 없이 무엇을 던지거나

23 보지 못하고 사람을 죽일 만한 돌을 던져서 죽였을 때에 이는 악의도 없고 해하려 한 것도 아닌즉

24 회중이 친 자와 피를 보복하는 자 간에 이 규례대로 판결하여

25 피를 보복하는 자의 손에서 살인자를 건져내어 그가 피하였던 도피성으로 돌려보낼 것이요 그는 거룩한 기름 부음을 받은 대제사장이 죽기까지 거기 거주할 것이니라

26 그러나 살인자가 어느 때든지 그 피하였던 도피성 지경 밖에 나가면

27 피를 보복하는 자가 도피성 지경 밖에서 그 살인자를 만나 죽일지라도 피 흘린 죄가 없나니

28 이는 살인자가 대제사장이 죽기까지 그 도피성에 머물러야 할 것임이라 대제사장이 죽은 후에는 그 살인자가 자기 소유의 땅으로 돌아갈 수 있느니라

29 이는 너희의 대대로 거주하는 곳에서 판결하는 규례라

30 사람을 죽인 모든 자 곧 살인한 자는 증인들의 말을 따라서 죽일 것이나 한 증인의 증거만 따라서 죽이지 말 것이요

31 고의로 살인죄를 범한 살인자는 생명의 속전을 받지 말고 반드시 죽일 것이며

32 또 도피성에 피한 자는 대제사장이 죽기 전에는 속전을 받고 그의 땅으로 돌아가 거주하게 하지 말 것이니라

33 너희는 너희가 거주하는 땅을 더럽히지 말라 피는 땅을 더럽히나니 피 흘림을 받은 땅은 그 피를 흘리게 한 자의 피가 아니면 속함을 받을 수 없느니라

34 너희는 너희가 거주하는 땅 곧 내가 거주하는 땅을 더럽히지 말라 나 여호와는 이스라엘 자손 중에 있음이니라

36장 시집 간 여자의 유산

1 요셉 자손의 종족 중 므낫세의 손자 마길의 아들 길르앗 자손 종족들의 수령들이 나아와 모세와 이스라엘 자손의 수령 된 지휘관들 앞에 말하여

2 이르되 여호와께서 우리 주에게 명령하사 이스라엘 자손에게 제비 뽑아 그 기업의 땅을 주게 하셨고 여호와께서 또 우리 주에게 명령하사 우리 형제 슬로브핫의 기업을 그의 딸들에게 주게 하셨은즉

3 그들이 만일 이스라엘 자손의 다른 지파들의 남자들의 아내가 되면 그들의 기업은 우리 조상의 기업에서 떨어져 나가고 그들이 속할 그 지파의 기업에 첨가되리니 그러면 우리가 제비 뽑은 기업에서 떨어져 나갈 것이요

4 이스라엘 자손의 희년을 당하여 그 기업이 그가 속한 지파에 첨가될 것이라 그런즉 그들의 기업은 우리 조상 지파의 기업에서 아주 삭감되리이다

5 모세가 여호와의 말씀으로 이스라엘 자손에게 명령하여 이르되 요셉 자손 지파의 말이 옳도다

6 슬로브핫의 딸들에게 대한 여호와의 명령이 이러하니라 이르시되 슬로 브핫의 딸들은 마음대로 시집가려니와 오직 그 조상 지파의 종족에게로 만 시집갈지니

7 그리하면 이스라엘 자손의 기업이 이 지파에서 저 지파로 옮기지 않고 이스라엘 자손이 다 각기 조상 지파의 기업을 지킬 것이니라 하셨나니

8 이스라엘 자손의 지파 중 그 기업을 이은 딸들은 모두 자기 조상 지파 의 종족되는 사람의 아내가 될 것이라 그리하면 이스라엘 자손이 각기 조상의 기업을 보전하게 되어

9 그 기업이 이 지파에서 저 지파로 옮기게 하지 아니하고 이스라엘 자손 지파가 각각 자기 기업을 지키리라

10 슬로브핫의 딸들이 여호와께서 모세에게 명령하신 대로 행하니라

11 슬로브핫의 딸 말라와 디르사와 호글라와 밀가와 노아가 다 그들의 숙 부의 아들들의 아내가 되니라

12 그들이 요셉의 아들 므낫세 자손의 종족 사람의 아내가 되었으므로 그 들의 종족 지파에 그들의 기업이 남아 있었더라

13 이는 여리고 맞은편 요단 가 모압 평지에서 여호와께서 모세를 통하여 이스라엘 자손에게 명령하신 계명과 규례니라

성령이 이끄는 대로 성경 쓰기

민수기 필사 노트 큰글자

1판 1쇄 발행 2025년 1월 13일

엮은이 편집부
펴낸이 이용훈

펴낸곳 북스원
등록 제2015-000033호
주소 서울시 송파구 오금로44나길 5, 401호
전화 010-3244-4066
이메일 wisebook@naver.com
공급처 (주)비전북 031-907-3927
ISBN 979-11-92468-21-1 03230

책값은 뒤표지에 있습니다.
잘못된 책은 구입하신 곳에서 교환하여 드립니다.